Deutscher
Kulturrat

Aus Politik & Kultur Nr. 12

Kulturpolitik auf den Punkt gebracht:
Kommentare und Begriffe von Olaf Zimmermann

Herausgegeben von Olaf Zimmermann und Theo Geißler

Kulturpolitik auf den Punkt gebracht:
Kommentare und Begriffe von Olaf Zimmermann

1. Auflage
Berlin, Juli 2014

Nachdruck von Editorials von Olaf Zimmermann aus Politik & Kultur, Zeitung des Deutschen Kulturrates. Im Anhang Erläuterungen zu kulturpolitischen Begriffen von Olaf Zimmermann.

Deutscher Kulturrat e.V.
Mohrenstraße 63
10117 Berlin
Telefon: 030.226 05 28-0
Fax: 030.226 05 28-11
post@kulturrat.de
www.kulturrat.de

Herausgeber: Olaf Zimmermann und Theo Geißler

Redaktion: Gabriele Schulz

Gestaltung: 4S und Ilja Wanka

Herstellung: AZ Druck, Berlin

Dieser Band wird gefördert aus Mitteln Der Beauftragten der Bundesregierung für Kultur und Medien auf Beschluss des Deutschen Bundestags.

Die Deutsche Nationalbibliothek verzeichnet diese Publikation in der Deutschen Nationalbibliografie; detaillierte bibliografische Daten sind im Internet unter www.dnb.de abrufbar.

ISBN: 978-3-934868-32-8
ISSN: 18652689

Vorwort

Die Editorials

Anhang

Vorwort

Kaleidoskop der Kulturpolitik

Zwölf Jahre erscheint nun schon »Politik & Kultur«, die Zeitung des Deutschen Kulturrates. Zwölf Jahre lang hat Olaf Zimmermann, Geschäftsführer des Deutschen Kulturrates und Herausgeber von »Politik & Kultur«, im Editorial der Zeitung seine Bemerkungen zur Kulturpolitik verfasst. Hier in der Zusammenschau öffnet sich ein einmaliges Kaleidoskop der Kulturpolitik der letzten Jahre.

Vor zwölf Jahren steckte die Bundeskulturpolitik noch in den Kinderschuhen. Heute können wir nach der Berufung von Monika Grütters als fünfter Kulturstaatsministerin schon von kulturpolitischer Normalität auf der Bundesebene sprechen. Olaf Zimmermann hat sich der Entwicklung der Bundeskulturpolitik in seinen Bemerkungen immer wieder angenommen. Doch er schreibt auch über die Digitale Revolution, über Computerspiele als Kunstwerke, über Kulturgutschutz, über den »Wert der Kreativität«, über die soziale Absicherung der Künstler, über den öffentlich-rechtlichen Rundfunk und vieles andere mehr. Ergänzt wird diese sehr persönliche Sicht auf die Kulturpolitik durch ein umfangreiches Glossar zur Kulturpolitik von Olaf Zimmermann. Mehr als 200 Schlüsselwörter aus den Bemerkungen von Zimmermann zur Kulturpolitik werden im Anhang erläutert und bilden damit eine informative Kurzübersicht zur Kulturpolitik.

Die Editorials von Olaf Zimmermann in »Politik & Kultur« haben immer wieder lebhafte Diskussionen ausgelöst. Ich hoffe, dass die Zusammenschau die Lust an der kulturpolitischen Debatte weiter beflügeln wird.

Prof. Christian Höppner
Präsident Deutscher Kulturrat

Die Editorials

Mangas

1. Juni 2002

Der Bundeskanzler hat die Intendanten der öffentlich-rechtlichen und privaten Rundfunkanstalten zu sich zitiert. Sie sollen sich von gewaltverherrlichenden Filmen lossagen, damit ein so schreckliches Ereignis wie in Erfurt nicht noch einmal geschehen kann. Das Grauen von Erfurt, das ist die einfache Erklärung, wurde vorbereitet durch gewaltverherrlichende Filme und besonders gewalttätig-machende Videospiele. Ein Runder Tisch gegen Fernsehgewalt soll gegründet werden, um dort gemeinsam vorhandene Grundsätze zu überprüfen, neue zu entwickeln und das System freiwilliger Selbstkontrolle zu verfeinern. Zum Runden Tisch sollen auch die großen Internetanbieter wie AOL oder T-Online eingeladen werden. Den Produzenten von Videospielen, den Schmuddelkindern der Nation, will der Kanzler in einer eigenen Runde den Marsch blasen. Was aber wäre, wenn es nicht nur die virtuellen Welten der PC-Spiele und der Horror-B-Pictures sind, die die Jugendlichen schier in den Wahnsinn treiben, sondern die ganz reale tägliche Gewalt zum Beispiel in Afghanistan, Israel, Palästina oder in der eigenen Nachbarschaft. Wer die Macht von Waffen spüren will, braucht nicht mit hirnlosen Computerspielen zu ballern, ein Blick in die Tagesschau reicht völlig aus. Die gespielte Gewalt in den Medien zu verbieten, macht unsere Welt nicht friedlicher. Aber schnell verwischen die Grenzen und schnell kann die Freiheit der Kunst in Gefahr kommen. Gerade in den virtuellen Welten der Computerspiele und der neuen gewaltbetonten Comics wurde in den letzten Jahren eine eigene künstlerische Ästhetik entwickelt. Sind zum Beispiel die japanischen Heldencomics, die unter dem Sammelbegriff »Mangas« gerade Jugendliche begeistern, Kunst oder nur Gewalt? Ich würde das Urteil darüber ungern einem Runden Tisch überlassen, selbst wenn der Bundeskanzler mit daran sitzt.

Reichtum

1. September 2002

Minus 64,7 % in Leverkusen, minus 50,3 % in Krefeld, minus 48,1 % in Rostock, minus 38,3 % in Frankfurt/Main, minus 38,8 % in Leipzig und minus 33,0 % in Stuttgart. Diese Zahlen geben den Rückgang der Gewerbesteuer in einigen deutschen Städten im Jahr 2001 im Vergleich zum Vorjahr an. In diesem Jahr sollen die Einbrüche noch dramatischer sein! Überall in der Republik gehen im wahrsten Sinne des Wortes die Lichter aus. Die Kultur ist als sogenannte freiwillige Leistung der Kommunen eines der ersten Opfer dieser katastrophalen Entwicklung der öffentlichen Haushalte.

Auslöser dieses Desasters sind neben der Konjunkturschwäche auch eine verfehlte Steuerpolitik zugunsten der großen internationalen Unternehmen. Diese Steuerpolitik wird, allen Wahlkampfreden zum Trotz, nach dem 22. September zu Ende sein. Wer auch immer die neue Bundesregierung stellen wird, die Steuern werden steigen, damit gerade die Kommunen nicht vor die Hunde gehen.

Auch immer mehr große Unternehmen in unserem Land wissen, dass sich ihr Erfolg nur vor dem Hintergrund des sozialen und kulturellen Wohlstands einer ganzen Gesellschaft realisieren lässt. Ein deutliches Zeichen hat die Bertelsmann AG gesetzt. Als von dem Unternehmen vor einigen Wochen 15 Millionen Euro Gewerbesteuer von der Stadt Gütersloh zurückgefordert wurden, ist Liz und Reinhard Mohn endlich der Kragen geplatzt und das Ende des Globalplayers Thomas Middelhof nahm auch deshalb seinen Anfang. Aber nicht nur die Unternehmen werden mehr Verantwortung für das Gemeinwesen übernehmen müssen. Nach glücklicherweise 57 Jahren Frieden auf deutschem Boden hat sich ein unvorstellbarer privater Reichtum angesammelt, der in den kommenden Jahrzehnten vererbt werden wird. Dieser Reichtum ist nur durch die soziale und kulturelle Beständigkeit der Bundesrepublik möglich gewesen. Die Erben werden deshalb in der Zukunft einen sehr viel höheren Anteil ihres Erbes an die Gesellschaft in Form von Steuern zurückgeben müssen, um diese Stabilität auch in der Zukunft aufrechtzuerhalten. Denjenigen, die das partout nicht wollen, sei empfohlen, eine gemeinnützige Kulturstiftung zu gründen. Die Einlagen in eine solche Kulturstiftung sind selbstverständlich auch in der Zukunft erbschaftssteuerfrei und werden mannigfache Zinsen für die gesamte Gesellschaft erbringen.

Exoten

1. Dezember 2002

Die letzte, die 14. Legislaturperiode des Deutschen Bundestages hatte noch in Bonn begonnen. Im Sommer 1999 zogen der Deutsche Bundestag, die Bundesregierung und die meisten Ministerien, zumindest mit ihrer Spitze, vom Rhein an die Spree. Der Umzug war weit mehr als nur ein Ortswechsel. Der Politikstil hat sich radikal verändert. Die älteren Politiker beklagen sich noch immer heftig über die vielen Journalisten in Berlin. Nicht mehr in kleinen, vertrauten Kreisen kann Herrschaftswissen portionsweise an wohlmeinende Journalisten verteilt werden. Die Meute, so werden die Journalisten von Politikern abschätzig, aber auch angstvoll genannt, schnappt sich ihre Storys überall. Überhaupt haben die kleinen vertraulichen Bonner Runden den Umzug meist nicht überlebt. Neue sind in der Hauptstadt entstanden, mit weniger Vertrauen und mit anderen Mitspielern. Auch für die Kulturverbände hat mit dem Umzug der Politik nach Berlin ein neues Kapitel begonnen. In der Bonner Republik waren die wenigen Kulturpolitiker und die Vertreter der Kulturverbände belächelte Exoten. Die Kulturpolitiker der verschiedenen Parteien verstanden sich untereinander meist besser als mit ihren eigenen Parteifreunden. Und mit den Kulturverbänden war man sich zumindest bei dem großen Lamento einig, dass Kulturpolitik im politischen Bonn nur eine untergeordnete Rolle spielt. In der letzten Legislaturperiode hat Kulturpolitik deutlich an Bedeutung gewonnen. Immer mehr Abgeordnete des Deutschen Bundestages finden Interesse an diesem Metier. Kulturpolitik polarisiert zunehmend, es geht um Gestaltungsmacht und Positionen. Ein Blick in die Liste der Mitglieder des neuen Kulturausschusses zeigt das deutlich. Auch die Kulturverbände werden von dieser »Normalität« immer stärker eingeholt. Die Probleme des Deutschen Musikrates sind ein überdeutliches Zeichen. Die Zeit, in der wir als Exoten Anspruch auf Artenschutz hatten, sind vorbei.

Der Deutsche Kulturrat richtet sich nun endgültig in der Berliner Republik ein. Seit dreieinhalb Jahren sind wir in Berlin mit unserem Hauptstadtbüro vor Ort. Ab dem 1. Januar 2003 wird der Hauptsitz des Deutschen Kulturrates von Bonn nach Berlin verlegt. Bei unserem erfolgreichen Einsatz zur Erhaltung des Spendenabzuges für Unternehmen hat sich gezeigt, dass wir auch mit unserem Auftreten den Sprung an die Spree geschafft haben. Unsere Kampagne hat die Regierung geärgert und der Kultur genutzt.

Sonnenschutz

1. März 2003

»Wenn wir unseren eigenen Zugang zu fremden Märkten verbessern wollen, dann können wir unsere geschützten Sektoren nicht aus dem Sonnenlicht heraushalten. Wir müssen offen sein, über alles zu verhandeln, wenn wir einen großen Wurf machen wollen«, sagte der EU-Handelskommissar Pascal Lamy zu den zurzeit stattfindenden General Agreement on Trade in Services (GATS-) Verhandlungen. Müssen wir dort auch über Kunst und Kultur verhandeln, um aus der wirtschaftlichen Talsohle herauszukommen?

Die Europäische Kommission diskutiert im Namen Deutschlands mit der Welthandelsorganisation im Rahmen des Allgemeinen Übereinkommens über den Handel mit Dienstleistungen (GATS) auch über sogenannte Kulturdienstleistungen. Bibliotheken, Archive, Museen und andere Kulturanbieter gehören für die Welthandelsorganisation zu den Dienstleistungen im Sinne des GATS und sollen weltweit handelbar gemacht werden. Es geht bei den GATS-Verhandlungen also auch um die Öffnung des globalen Dienstleistungsverkehrs im Kulturbereich.

Kunst und Kultur sind auf den internationalen Austausch angewiesen. Kunst, die in nationale Grenzen eingesperrt wird, verkümmert. Ist GATS also gut für die Kultur? Wohl kaum, denn bei GATS geht es um Marktmacht und nicht um Kulturentwicklung. So soll etwa unter dem Stichwort »Meistbegünstigung« erreicht werden, dass Handelsvergünstigungen, dazu zählt unter anderem die Subventionierung von Kultureinrichtungen, allen Mitgliedern der Welthandelsorganisation in allen Mitgliedsländern gleichermaßen zugestanden werden (Inländerbehandlung). Unsere Bibliotheken, Museen und Theater würden bei ihrer Finanzierung im direkten Wettbewerb mit Anbietern kultureller Dienstleistungen aus der ganzen Welt stehen. Das gilt umso mehr für die Kultureinrichtungen, die in den letzten Jahren durch Umwandlung in Stiftungen oder GmbHs scheinprivatisiert wurden. Wer weiß, vielleicht muss in der Zukunft die Aufführung von »Tristan und Isolde« an der Berliner Staatsoper, die ja gerade unter das Dach einer Trägerstiftung gestellt und damit privatisiert wird, weltweit ausgeschrieben werden. Die öffentliche Förderung erhält dann derjenige, der das Werk am günstigsten aufführen kann. Wollen wir wirklich Kunst und Kultur diesen Marktgesetzen unterwerfen?

Die EU-Kommission hat die Interessenverbände in den Mitgliedsstaaten zur Konsultation eingeladen. Der Deutsche Kulturrat ist diesem Angebot gefolgt und hat zu den GATS-Verhandlungen deutlich Stellung bezogen. Die Sorge aber bleibt, dass, wenn die Kultur nicht aus dem direkten Sonnenlicht der liberalisierten weltweiten Märkte herausgehalten wird, sie sich einen gefährlichen Sonnenbrand holen könnte. Was wir brauchen, ist ein Sonnenschutz mit sehr hohem Lichtschutzfaktor.

Obsession

1. Mai 2003

Es ist ein fast unstillbares Verlangen, das bei Menschen zum Sammeln führt. Diese Leidenschaft, diese Obsession liegt wohl in unseren Genen verborgen. Wer noch nie dieses schmerzhafte, warme Gefühl der Sehnsucht nach einem Kunstwerk gehabt hat, wird auch nie die tiefe Befriedigung über die Inbesitznahme des Werkes verstehen. Diese Inbesitznahme ist ein intimer Vorgang, der nur in den seltensten Fällen mit der Öffentlichkeit geteilt wird. Die Sammler, die ihre Schätze der Öffentlichkeit in Museen zur Verfügung stellen, sind die Ausnahme, nicht die Regel.

Bei manchen Sammlern führt das Verlangen zu zügelloser Begierde. Solche Sammler sind es wohl gewesen, die kühl kalkulierend die Aufträge an zwielichtige Gestalten vergaben, im Irak die Museen zu plündern. Die Situation des Umbruchs und der Gesetzlosigkeit und besonders die Tatenlosigkeit der Besatzungsmächte wurden gezielt ausgenutzt, um wertvolle Kulturgüter zu rauben. Die Diebe haben die Kopien stehen gelassen und nur die Originale mitgenommen. Es war eine Mischung aus professionellem Kunstraub und einfältigem Vandalismus. Ein ungezügelter Vernichtungswille war es, der Iraker dazu brachte, aus welchen Motiven auch immer, die eigene Geschichte zu zerschlagen, zu zertreten und zu verbrennen. Sie wüteten im Irakischen Nationalmuseum, in der Akademie der Schönen Künste, der Nationalbibliothek, der Galerie für Moderne Kunst und in der Bibliothek des Ministeriums für Religiöse Stiftungen und an vielen anderen Orten im Irak. Seit dem zweiten Weltkrieg hat es eine solche Barbarei nicht mehr gegeben. Doch es gibt einen gerade für uns wichtigen Unterschied zwischen den planmäßig vorgegangenen Kunstdieben und den besinnungslosen Zerstörern, die wohl nicht wussten, was sie taten. Für die gezielten Diebstähle tragen »Kunstfreunde« außerhalb des Iraks die direkte Verantwortung.

Die im Auftrag gestohlenen Kunstwerke werden wahrscheinlich nie zurück in den Irak kommen, sie werden vermutlich nie mehr in einem Museum der Öffentlichkeit und besonders der Forschung zugänglich sein. Die Kunstwerke werden nur einige wenige skrupellose Kunstsammler euphorisch stimmen. Jetzt, wo sich das Entsetzen über die Plünderungen schon wieder legt, muss darüber gesprochen werden, wie die Wiederholung eines solchen kulturellen Desasters in der Zukunft ausgeschlossen werden kann.

Wettbewerb

1. Juli 2003

Leipzig und Rostock sind die strahlenden Gewinner. Die Menschen fieberten der Entscheidung über die deutsche Olympiakandidatur entgegen. Die ARD übertrug die Juryentscheidung in der Primetime am Samstagnachmittag. Unbeschreiblicher Jubel im Sendesaal und auf den Straßen der Gewinnerstädte bei der Verkündung der Entscheidung der Jury. Aber auch Tränen bei den Verlierern. Trotz der Tränen der Enttäuschung: auch die Verlierer haben gewonnen. Monatelang wurde über alle Kandidaten in den Medien berichtet. Gewinner und Verlierer haben sich einen öffentlichen Wettkampf geliefert, um zu klären, wer die besten Kandidaten für Olympia 2012 sind. Warum sollten wir nicht von dieser erfolgreichen PR-Strategie des Sportes lernen, wenn bald die Kandidaten für die Kulturhauptstadt Europas 2010 gewählt werden?

Augsburg, Bremen, Braunschweig, Dessau/Wittenberg, Freiburg, Görlitz, Karlsruhe, Kassel, Köln, Lübeck, Münster/Osnabrück, Potsdam und noch ohne Benennung der Bewerberstadt das Ruhrgebiet bewerben sich um diesen Titel. Sicherlich kommen noch einige Städte hinzu, vielleicht springen auch noch einige ab, unbestreitbar ist aber, dass es zum ersten Mal in Deutschland einen wirklich Wettstreit um den Ehrentitel »Kulturhauptstadt Europas« geben wird, der 2010, wie von den Mitgliedsstaaten der Europäischen Union vereinbart, nach Deutschland gehen wird.

Zwölf der Bewerberstädte haben sich Ende Mai in Kassel zu einem ersten Gespräch getroffen. Gemeinsam forderten sie einen transparenten, qualifizierten und öffentlichen Wettbewerb. Die Kulturstaatsministerin Christina Weiss forderte sie auf, die Bewerbungen zur Europäischen Kulturhauptstadt zur bundesweiten Profilierung zu nutzen. Die Bewerbung ist ein nationales kulturelles Großereignis.

Der Deutsche Kulturrat wurde von den Bewerberstädten bei ihrem Treffen in Kassel gebeten, im Oktober ihr zweites Treffen in Berlin auszurichten. Wir freuen uns auf diese Aufgabe, denn der Wunsch der Kandidaten, in einem fairen und öffentlichen Wettbewerb um die besten Ideen für die Kulturhauptstadt Europa 2010 zu streiten, nutzt der Kultur in Deutschland.

Sinnkrise

1. September 2003

Knapp ein halbes Jahrzehnt nach Berufung des ersten Kulturstaatsministers ist der Aufbruch der Kulturpolitik des Bundes in einer ernsten Sinnkrise. Was ist eigentlich die Aufgabe eines Kulturstaatsministers der Bundesrepublik Deutschland?

Die Krise war zu erwarten, da die verschiedenen Hoffnungen, die an die neue Kulturpolitik des Bundes und besonders an das neue Amt geknüpft werden, nie ausdiskutiert wurden. Die einen wollen einen charismatischen, weltläufigen Kulturrepräsentanten. Andere suchen nach dem inhaltlichen Impuls. Nicht wenige erwarten einfach mehr Geld für Kultur. Und manche wollen Kulturpolitik als die professionelle Verbindung von Politik und Kultur zum Anfertigen und Durchsetzen von Gesetzen zum Nutzen der Künstler, der Kultureinrichtungen, der Kulturvereine, der Kulturkonsumenten und der Kulturwirtschaft.

Die drei Kulturstaatsminister der letzten fünf Jahre haben die Erwartungspalette sehr unterschiedlich erfüllt. Michael Naumann war der charismatische, weltläufige Intellektuelle, der sich nicht scheute, anzuecken und gezielt den Streit mit den Ländern suchte. Er hat die Kulturpolitik des Bundes öffentlichkeitsfähig gemacht. Julian Nida-Rümelin hat die Verbindung zwischen Kultur und Politik hergestellt – deutlich leiser und vermittelnder als sein Vorgänger – und bislang als Kulturstaatsminister politisch, das heißt auf der Bundesebene gesetzgeberisch, am nachhaltigsten gewirkt. Christina Weiss versteht als ihre Aufgabe neben dem obligatorischen »Repräsentieren«, das »Moderieren« und das »Missionieren«. Nach knapp einem Jahr Amtszeit kann man noch nicht sagen, ob ihre Strategie erfolgreich ist. Sicher aber ist, dass man in der Bundesregierung nicht viele weitere Minister oder Staatssekretäre finden wird, die in ihrem Arbeitsfeld vornehmlich moderieren und missionieren wollen.

Die Unterschiedlichkeit der Arbeitsauffassung der drei Kulturstaatsminister ist ein deutliches Zeichen dafür, dass es bislang keine »Stellenbeschreibung« für das Amt des Kulturstaatsministers gibt. Noch bestimmen anscheinend die Vorlieben der Amtsinhaber über den Arbeitsauftrag. Das ist schon verwunderlich, da neben der Repräsentanz der deutschen Kultur, besonders auf der europäischen Ebene, die Weiterentwicklung und Modernisierung der rechtlichen Rahmenbedingungen für das künstlerische Schaffen der Grund waren, warum das Amt des Kulturstaatsministers vor fünf Jahren eingerichtet wurde. Es ist dringend notwendig, jetzt über den kulturpolitischen Auftrag zu sprechen, damit nicht nach der nächsten Bundestagswahl aus der Sinnkrise die Frage erwächst, ob das hohe Amt des Kulturstaatsministers überhaupt einen Sinn macht.

Feuerwehr

1. November 2003

Es brennt an allen Ecken im Kulturland Deutschland. Nordrhein-Westfalen, Niedersachsen und Berlin tragen das Feuer über das ganze Land. Alleine im bevölkerungsreichsten Bundesland Nordrhein-Westfalen soll in den nächsten zwei Jahren bei der institutionellen Kulturförderung um 40 Prozent, bei den kulturellen Projekten gar um 68 Prozent gekürzt werden. Aber wenn es überall brennt, was hilft es dann noch, laut Feuer zu schreien? Wer soll zum Löschen kommen? Der Bund, der im Gegensatz zu den Ländern seinen Kulturetat voraussichtlich nicht absenken wird, kann den Flächenbrand dieses Ausmaßes nicht austreten. Zu gering sind die Kulturmittel des Bundes im Vergleich zu den Finanzierungslücken in den Ländern. Der Bund kann aber, gemeinsam mit den Ländern, durch eine gerechte Gemeindefinanzierungsreform dafür sorgen, dass die wichtigsten Träger der kulturellen Infrastruktur, die Kommunen, wieder mehr Luft zum Atmen erhalten.

Aber die Hauptverantwortlichen sind und bleiben die Länder. Sie selbst haben ihre Verantwortung für die Kultur immer deutlich betont, jetzt gilt es, sie beim Wort zu nehmen. Die Argumente einiger Kulturminister, dass nicht nur die Kultur, sondern alle gesellschaftlichen Bereiche gerupft werden, ist richtig, aber kein Freibrief für Konzeptionslosigkeit. Warum werden die Kommunen, die einem Haushaltssicherungskonzept unterstehen, und das sind in Nordrhein-Westfalen schon mehr als 45 Prozent aller Städte und Gemeinden, durch Landesgesetze gezwungen, gerade bei der vermeintlich freiwilligen Leistung Kultur zu sparen? Wenn schon kein Geld mehr zu verteilen ist, könnte man in den Kulturministerien jetzt endlich anfangen, die Rahmenbedingungen für Kunst und Kultur zu verbessern. Dann wird sich auch deutlich zeigen, ob die behauptete herausgehobene Stellung der Kultur auch an den Kabinettstischen der Landesregierungen sichtbar wird. Die kulturfreundliche Modifizierung der Haushaltssicherungsgesetze für überschuldete Kommunen wäre ein erster wichtiger Schritt. Folgen sollte eine gemeinsame Initiative aller Kulturverantwortlichen in Städten, Ländern und Bund, um eine verpflichtende Basiskulturförderung durchzusetzen. Die kulturelle Grundversorgung der Bevölkerung muss endlich gesetzlich sichergestellt werden.

Noch kann jeder anscheinend vor sich hin wurschteln. Noch kann man sich einreden, dass es im eigenen Bundesland, in der eigenen Stadt, in der eigenen Kultureinrichtung nicht so schlimm werden wird. Doch wenn das Feuer erst einmal richtig auflodert und das ganze Land erfasst, wird sich die Erkenntnis durchsetzen, dass in der Zukunft die Kultur strukturell besser gesichert werden muss. Die besten Kulturpolitiker sind die, die nicht nur Brände löschen, sondern dafür sorgen, dass gar keine Brände ausbrechen können. Von solchen Feuerwehrmännern und -frauen haben wir derzeit zu wenige.

Mängelexemplare

1. Januar 2004

Es wird illegal kopiert auf Teufel komm raus. Der Absatz von unbespielten CD-ROMs und DVDs steigt unaufhörlich. Im Jahr 2002 hat die Musikwirtschaft in Deutschland 165 Millionen Musik-CDs verkauft. Im gleichen Jahr wurden nach Auswertung der Gesellschaft für Konsumforschung (GfK) 259 Millionen CD-Rohlinge mit Musik kopiert und 622 Millionen Musikstücke aus illegalen Quellen aus dem Internet heruntergeladen. Nach Recherchen der Filmförderungsanstalt (FFA) in Berlin wurden 2002 schon 27 Millionen CDs oder DVDs mit Spielfilmen gebrannt. Allein in den ersten acht Monaten des letzten Jahres haben laut FFA fünf Millionen Deutsche etwa 30 Millionen Filme gebrannt. Mehr als die Hälfte der »Film- und Musik-Brenner« gaben bei den Untersuchungen an, für Personen außerhalb des eigenen Haushaltes Kopien zu erstellen. Zumindest diese Film- und Musik-Kopierer haben nicht die nach dem Urheberrecht erlaubte Sicherungskopie erstellt, schon gar nicht wenn die Filme oder Musikstücke nicht legal erworben wurden. Es handelt sich beim illegalen Kopieren von urheberrechtlich geschützten Werken längst nicht mehr um tolerierbare Einzelfälle, sondern um ein höchst bedenkliches Massenphänomen, das die Künstler und die Kulturwirtschaft schwer schädigt.

Doch wie können Millionen Deutsche zu Verbrechern werden? Wie kann es sein, dass der Wert der Kreativität offensichtlich immer weniger zählt? Es ist sicher der allseits bekannte musisch-kulturelle Bildungsnotstand in unseren Schulen und darüber hinaus. Hier liegt die Chance für ein langfristiges Umsteuern. Kinder und Jugendliche, die in der Schule mit allen Künsten in Berührung kommen, werden den »Wert der Kreativität« dauerhaft empfinden. Doch die Entwertung der Kultur wird nicht nur in der Schule gelehrt. Sind nicht auch die riesigen CD-Sonderangebotsberge in den Kaufhäusern dafür verantwortlich, dass das Wertgefühl für die Musik auf der Silberscheibe im freien Fall ist? Ist die rasend schnelle Auswertungskette von Filmen, heute noch im Kino, morgen schon auf der DVD und im Pay-TV, nicht mit dafür verantwortlich, dass die Ware Film an gefühltem Wert verliert?

Wohin eine solche entwertete Vermarktung führen kann, zeigt der Buchmarkt leider überdeutlich. Ramschware, die oft gar kein Ramsch ist, sondern hochwertige Bücher aus der aktuellen Produktion, überschwemmen die Städte. Damit die Preisbindung, eine hart erkämpfte kulturelle Errungenschaft, aufgehoben werden kann, muss es sich natürlich um sogenannte Mängelexemplare handeln, deren einziger sichtbarer Mangel der kleine Stempel »Mängelexemplar« ist. Diese zunehmende Verkaufspraxis macht dem Kunden schnell deutlich, dass er schon sehr bekloppt sein muss, wenn er noch den regulären Ladenpreis bezahlt. Die Kunden haben die Lektion gelernt: Noch billiger als diese Sonderangebote ist nur noch der Datenklau. Wert der Kreativität ade!

»Raubkopierer sind Verbrecher«, der aggressive neue Slogan der Filmwirtschaft trifft den Nagel auf den Kopf, aber es muss endlich Schluss gemacht werden mit diesen kulturfeindlichen Verwertungspraxen, die dieses Verbrechen begünstigen. Der »Wert der Kreativität« wird erst dann erfolgreich einzuklagen sein, wenn er in der Verwertungskette immer und überall sichtbar ist.

Wunderglaube

1. März 2004

Künstlerinnen und Künstler verfügen über ein durchschnittliches Jahreseinkommen von rund 11.100 Euro. Das ist nur ein Drittel des Einkommens eines normalen Arbeitnehmers. Den Vergleich zu anderen freiberuflich arbeitenden Berufsgruppen, wie Rechtsanwälten, Steuerberatern und Ärzten will ich erst gar nicht anstellen. Das geringe Einkommen der Künstler zieht automatisch eine kleine Rente nach sich. Nach vierzig Versicherungsjahren können Künstler mit einer Rente von rund 400 Euro im Monat rechnen. Zum Leben zu wenig, zum Sterben zu viel. Noch bedrückender ist die Lage der Künstlergeneration, die jetzt und in den kommenden Jahren das Rentenalter erreicht. Sie können die geforderten 40 Versicherungsjahre gar nicht erreichen, da die Künstlersozialversicherung erst 1983 gegründet wurde. Sie müssen mit durchschnittlich 200 Euro im Monat auskommen und sind auf die staatliche Grundsicherung angewiesen.

Bei der Altersabsicherung hat die Künstlersozialversicherung, im Gegensatz zur Krankenabsicherung, den entscheidenden sozialen Durchbruch für Künstlerinnen und Künstler nicht gebracht. Ging man bei der Gründung der Künstlersozialkasse noch davon aus, dass die Altersarmut von Künstlern ein zeitlich begrenzter Umstand sei, ist heute festzustellen, dass das Problem nach wie vor besteht und sich für die Generation der heute 45- bis 65-jährigen Künstlerinnen und Künstler, auf Grund der zu geringen Versicherungszeit, zu einem immer größer werdenden sozialen Problem entwickelt. Eine Rettung vom Staat für diese von der Politik schmeichelhaft genannten »Altlasten«, ist kaum zu erwarten. Die aktuelle sozialpolitische Diskussion ist dadurch geprägt, dass über Leistungskürzungen und nicht über eine Ausweitung der Sozialleistungen diskutiert wird. Alle Bevölkerungs- und Berufsgruppen müssen zurzeit massive Einschnitte in den sozialen Sicherungssystemen wie der Krankenversicherung, der Pflegeversicherung und der Rentenversicherung hinnehmen. Bezieher geringer Einkommen, so auch Künstler, treffen diese Einschnitte besonders hart. Vor dem Hintergrund dieser Debatten wird es äußerst schwer sein, neue zusätzliche Unterstützungsmaßnahmen in der Sozialgesetzgebung für Künstler zu erreichen. Die Bundesregierung hat gerade erst unmissverständlich erklärt, dass sie in dieser Legislaturperiode keine Maßnahmen in der Sozialgesetzgebung plant, um die soziale Lage der Künstler zu verbessern.

Trotzdem muss jetzt gehandelt werden. Wir brauchen einen Rentenfonds, der dauerhaft Künstlern Hilfe zum Lebensunterhalt im Alter gewährt. Die Mittel könnten aus Sondermarken, ähnlich der Sondermarke »Für den Sport« und aus Sondermünzprägungen erwirtschaftet werden. Auch könnte der Erlös aus speziellen Kulturveranstaltungen an den Rentenfonds gehen. Zu denken ist an Konzerte und Galas, deren Erlöse zu Gunsten des Fonds gehen oder dass an einem Tag im Jahr die Einnahmen aus allen Theater- und Konzertveranstaltungen sowie der Eintritt in Museen und in Kinos in den Fonds fließen. Um die finanzielle Katastrophe für die alten Künstlerinnen und Künstler zu verhindern, darf nicht weiter auf ein Wunder gehofft werden.

Fragen

1. Mai 2004

Zehn neue Staaten sind der Europäischen Gemeinschaft beigetreten. Die Erweiterung ist eine große Chance für Europa. Aber natürlich bringt die Erweiterung der Europäischen Union auch Wagnisse mit sich. Besonders das unterschiedliche Lohnniveau zwischen Deutschland und den neuen EU-Mitgliedern aus Osteuropa wird vielen deutschen Künstlern Probleme machen. Auch die deutsche Kulturwirtschaft hat neue Konkurrenz zu fürchten. Dauerhaft wird die EU-Strukturförderung, die der Kulturinfrastruktur besonders in Ostdeutschland sehr nützt, nicht mehr so reichlich fließen wie bisher. Besonders aber sind viele Fragen des neuen Miteinanders noch vollkommen ungeklärt. Bei so viel Ungewissheit ist es gut, dass schon wenige Wochen nach der EU-Erweiterung die Bürger Europas an die Wahlurnen gerufen werden, um über ein neues, größeres Europäisches Parlament abzustimmen.

Vor einer Bundestagswahl stellt der Deutsche Kulturrat schon traditionell Fragen an die Parteien. Was lag näher, auch Fragen an die Parteien zu richten, die am 13. Juni Abgeordnete ins Europäische Parlament entsenden wollen. Doch dieses Mal sahen wir uns vor ungeahnten Schwierigkeiten gestellt. Von den angefragten Parteien haben die CDU und die FDP die Beantwortung unserer Fragen gänzlich abgelehnt. SPD und Bündnis 90/Die Grünen haben dankenswerterweise geantwortet, wenn auch unter Murren. Nur die PDS ist auch auf unsere, zugegebenermaßen umfangreichen, speziellen Fragen zu einzelnen die Kultur betreffenden Rechtsgebieten eingegangen. Die Wahlprüfsteine des Deutschen Kulturrates, die normalerweise von den Parteien gerne beantwortet werden, da sie ihre politischen Ideen in einem Wahlkampf in der Kulturszene publik machen können, wurden dieses Mal als eine Belastung, von Einzelnen sogar als eine Zumutung verstanden.

An der Anzahl der gestellten Fragen alleine kann es nicht gelegen haben, da der Deutsche Kulturrat zur letzten Bundestagswahl mehr Fragen gestellt hat und trotzdem kompetent Antwort erhielt. Mehr scheint der Inhalt der Fragen den Parteien Schwierigkeiten zu machen. Neben den Fragen zur EU-Erweiterung, zur Europäischen Verfassung und zum Schutz der kulturellen Vielfalt waren für uns hauptsächlich Fragen zum Urheberrecht, zum Steuerrecht, zum Sozial- und Arbeitsrecht wichtig. Das Europäische Parlament beeinflusst zunehmend auch die nationale Kulturpolitik. Im Urheberrecht zum Beispiel vollzieht der deutsche Gesetzgeber fast nur noch Vorgaben aus Brüssel nach. Es ist deshalb keine Zumutung von den Parteien erfahren zu wollen, was die von ihnen zur Wahl gestellten Kandidaten zum Europäischen Parlament zu diesen Rechtsgebieten als mögliche Abgeordnete in Brüssel tun oder lassen werden. *(weiter auf nächster Seite)*

Zwischen der zunehmenden Macht des Europäischen Parlaments und dem Bewusstsein der Parteien für eine demokratische Gestaltung dieser Macht klafft eine große Lücke. Sichtbar wird dies auch dadurch, dass fast alle von uns angefragten Parteien unsere Fragen reflexhaft zuerst an die Kulturpolitiker im Deutschen Bundestag weiterreichten. Dass eigentlich ihre eigenen Europaabgeordneten die richtigen und kompetenten Ansprechpartner sind, war in den Parteizentralen offenbar unbekannt.

Nach der Erweiterung der Europäischen Union wird das Europäische Parlament, neben der Europäischen Kommission, langsam aber sicher den nationalen Parlamenten und Regierungen die Marschrichtung immer deutlicher vorgeben. Für uns kann es nur bedeuten, selbst, als Teil der Zivilgesellschaft, eine stärkere Rolle in Brüssel zu spielen. Wir können uns nicht darauf verlassen, dass der Kulturpolitik im neuen, großen Europa von den deutschen Parteien immer die notwendige Aufmerksamkeit geschenkt wird. Und wir müssen stärker als bislang deutlich machen, dass Kulturpolitik die Setzung von Rahmenbedingungen für die Künstler, die Kultureinrichtungen und die Kulturwirtschaft ist. Kulturpolitik in Brüssel ist immer Wirtschafts-, Sozial- und Rechtspolitik. Es liegt auch in unserer Verantwortung, dass am 13. Juni kompetente Kulturpolitiker ins Europäische Parlament gewählt werden. Auf zur Wahl!

Effizienz

1. Juli 2004

Die Wohlfahrtsverbände haben es uns vorgemacht. Sie haben ihre sozialen Einrichtungen immer mehr auf unternehmerische Effizienz getrimmt. Zuerst kam die interne Budgetierung, dann die Umwandlung in GmbHs. Heute stehen viele der Dienste vor dem Aus. Nicht weil die Einrichtungen die Umwandlung nicht mitgetragen hätten, nein, gerade im Gegenteil, sie stehen vor dem Aus, weil die Umwandlungen zu erfolgreich waren. An immer mehr Orten betreuen die Sozialstationen pflegebedürftige Menschen im Akkord. Sozialstationen der Caritas, der AWO oder der Diakonie unterscheiden sich immer weniger von rein kommerziellen Anbietern. Waschen, trockenlegen, Betten machen, zum nächsten Patienten. Kein unnötiges Gerede mit den alten Menschen, Leistungen, die über die Pflegekostensätze der Krankenkassen hinausgehen, sind dem Unternehmen »Sozialstation« nicht erlaubt. Ein effizientes Gesundheitswesen kann sich Sentimentalität nicht leisten. Die Pflegesätze werden von den Krankenkassen immer weiter gesenkt, doch selbst die organisierte Lieblosigkeit in manchen Sozialstationen bewahren die Einrichtungen nicht vor ihrem unternehmerischen Niedergang. Ihre moralische Integrität haben sie zu diesem Zeitpunkt schon längst verloren. Und gibt es etwas Schöneres für eine Kultureinrichtung als in ein Unternehmen umgewandelt zu werden? Wenn man die Rechtsformänderungen von Kultureinrichtungen landauf, landab beobachtet, könnte man glauben, endlich hat man den Stein der Weisen gefunden, um den zurückgehenden öffentlichen Zuschüssen für die Kultureinrichtungen Einhalt bieten zu können. Endlich kann das öffentliche Haushaltsrecht nicht mehr den unternehmerischen Erfolg trüben. Es ist ein Paradoxon, das gerade in den nicht gewinnorientierten Bereichen des Gesundheitswesens und der Kultur die Gründung von Unternehmen, deren Struktur auf eine Gewinnerzielung ausgerichtet ist, als die beste Lösung von Effizenzproblemen propagiert werden.

Das Ziel eines Museums oder Theaters ist es eben nicht gewinnorientiert zu arbeiten, sondern eine Aufgabe für die Allgemeinheit zu erbringen. Dass dabei öffentliche Mittel besonders verantwortungsvoll eingesetzt werden müssen, ist eine Selbstverständlichkeit. Dort, wo das noch nicht geschieht, muss nachgesteuert werden. Die reine ökonomische Effizienz einer Einrichtung kann aber nicht der Maßstab sein, denn die eindeutig effizienteste Form ein Museum oder Theater als Unternehmen zu führen, ist es, sie zu schließen.

Wegducken

1. September 2004

Der Leitartikel von Edmund Stoiber zur Föderalismusreform in der letzten Ausgabe von Politik & Kultur hat die Diskussionslage geklärt. Kulturpolitik und Kulturförderung sind Thema der noch bis Ende des Jahres tagenden gemeinsamen Kommission von Bundestag und Bundesrat zur Modernisierung des Föderalismus. Alle, die geglaubt haben, man könnte sich wegducken, wurden eines Besseren belehrt. Gerade die Kultur ist im Fokus der Föderalismuskommission, da zentrale Entscheidungen in anderen Feldern, die nur mit einer grundgesetzändernden Zweidrittelmehrheit gefällt werden können, an dem von Franz Müntefering in dieser Ausgabe beschriebenen »achteckigen Tariftisch« nur schwer zu erreichen sind. Doch eine Kommission, deren Vorsitzende, Ministerpräsident und CSU-Vorsitzender Stoiber und SPD-Partei- und Bundestagsfraktionsvorsitzender Müntefering, und deren Mitglieder Ministerpräsidenten, Chefs der Staatskanzleien und Politiker der ersten Reihe des Deutschen Bundestages sind, wird nicht ohne ein Ergebnis abgeschlossen werden. Wenn die unterschiedlichen Interessenslagen den großen Wurf, also eine umfassende Änderung des Grundgesetzes, nicht zulassen, dann sollen doch wenigstens einige deutliche Kurskorrekturen angebracht werden.

Wilhelm Schmidt, der Erste Parlamentarische Geschäftsführer der SPD-Bundestagsfraktion, beschreibt in dieser Ausgabe, was das besonders für die Kulturförderung des Bundes bedeuten kann. Die ungeschriebenen Förderkompetenzen des Bundes müssen endlich geklärt werden. Schmidt geht davon aus, dass die Föderalismuskommission den Kulturverantwortlichen von Bund und Ländern einen klaren Verhandlungsauftrag erteilen wird. Dass der Deutsche Bundestag an diesen Verhandlungen beteiligt sein soll, gibt ihnen eine erfreuliche neue Qualität. Bislang verhandelten die Chefs der Staatskanzleien der Länder und die Kulturstaatsministerin hinter verschlossenen Türen, bekanntermaßen ohne Erfolg. Jetzt besteht die Chance, in einer öffentlichen Debatte die strittigen Fragen zu erörtern. Es muss doch möglich sein zu klären, ob und unter welchen Bedingungen der Bund in der Zukunft die Deutsche Schillergesellschaft, das Deutsche Literaturarchiv, die Bayreuther Festspiele oder die documenta fördern darf. Und es muss möglich sein, die unsinnige Trennung der Kulturstiftung der Länder und der Kulturstiftung des Bundes zu beenden. Edmund Stoiber hatte in der letzten Ausgabe von Politik & Kultur bereits seine grundsätzliche Zustimmung zur Fusion der beiden Stiftungen angekündigt. Jetzt müssen die Bedingungen für eine solche Fusion besprochen werden.

Doch noch wichtiger als die Klärung dieser Einzelfälle, ist die Beantwortung der grundsätzlichen Frage nach der Bedeutung der Kultur für unsere Gesellschaft. Franz Müntefering beschreibt als Ziel der Föderalismuskommission, »diese Gesellschaft, dieses Land zu modernisieren und zukunftsfähig zu erhalten und gerade im Bereich Bildung, Innovation und Kultur«. Dieses Ziel muss auch in unserer Verfassung deutlich sichtbar sein. Nach der Wiedervereinigung scheiterte der Versuch ein Staatsziel »Bildung und Kultur« im Grundgesetz zu verankern. Mit der Föderalismuskommission und der Enquete-Kommission »Kultur in Deutschland« des Deutschen Bundestages erhalten wir eine zweite Chance, Versäumtes nachzuholen. Wegducken gilt dieses Mal aber nicht.

Schuld

1. November 2004

Die Schäden sind bekannt, die das Feuer und das Löschwasser vor wenigen Wochen in der Herzogin Anna Amalia Bibliothek in Weimar anrichteten. Eine große Welle der Hilfsbereitschaft für die Instandsetzung des Gebäudes und für die Restaurierung der mehr als 60.000 stark beschädigten Bücher, Noten und Handschriften ist angelaufen. Selbstverständlich beteiligt sich der Deutsche Kulturrat auch an den Unterstützungsmaßnahmen und ruft wie viele andere zu Spenden für die Herzogin Anna Amalia Bibliothek auf. Doch wie konnte es gerade in Weimar, der Kulturhauptstadt Europas 1999, zu diesem Desaster kommen? Und das, obwohl die Stadt mit sehr viel Bundesmitteln proper herausgeputzt wurde? Wer ist schuld daran, dass die notwendige Sanierung der Bibliothek nicht früher angegangen wurde?

Man hatte es nicht wissen können, ist eindeutig falsch. Michael Knoche, der Direktor der Herzogin Anna Amalia Bibliothek und der Bausachverständige Joachim Menge bestätigen in dieser Ausgabe von Politik & Kultur, dass die Gefahren schon vor Jahren erkannt wurden. Der Brand in der Herzogin Anna Amalia Bibliothek war kein schicksalhafter Unfall, sondern eine durch Unterlassung verursachte Katastrophe. Die Schuld an der Unterlassung ist aber nicht einfach festzustellen. Der Direktor der Bibliothek, wie auch der Präsident der Weimarer Klassik haben immer vor der herannahenden Katastrophe gewarnt. Die öffentlichen und privaten Kulturförderer der Stadt Weimar, das Land, der Bund, die EU und der Freundeskreis der Bibliothek haben sich redlich bemüht. Aber zu spät. Wenige Wochen haben nur gefehlt, dann wären zumindest die Bücher, Noten und Handschriften ausgelagert gewesen. Zu spät auch deshalb, weil von Bund und Ländern keine abgestimmte Gefahrenanalyse bedrohter Kulturschätze in Deutschland erstellt wurde und wird. Und weil in Deutschland der Föderalismus, der Unfähigkeit sich zwischen Bund und Ländern abstimmen zu wollen, immer ein gutes Argument liefert.

Wir brauchen ein bundesweites Gefahrenkataster für Kulturgüter. Die Mittel des Bundes und der Länder müssen konzentriert werden können, um akute Gefahren schneller als bisher abwenden zu können. Und dort, wo die Hilfe am notwendigsten ist, sollte nicht nur der Bund, sondern auch die Länder solidarisch Hilfe leisten.

Ein-Euro-Digitalisierer

1. Januar 2005

Mehr als 20.000 Ein-Euro-Jobs sollen alleine zur digitalen Dokumentation von Kulturgut im nächsten Jahr geschaffen werden. Die Idee dazu hatte ein Unternehmer aus Berlin. Die Kulturstaatsministerin nimmt den Vorschlag so ernst, dass sie 33 Verbände zur Prüfung aufgefordert hat. Die Vorsitzende des Ausschusses für Kultur und Medien des Deutschen Bundestages findet die Ein-Euro-Jobs zur digitalen Dokumentation von Kulturgut in einem Schreiben an den Initiator sehr interessant und würde sich freuen, wenn die Realisierung eines solchen Vorhabens erfolgreich wäre. Der Kulturbereich ist das ideale Betätigungsfeld für Ein-Euro-Jober. Zu wenig Geld in der Kasse, um alle Aufgaben bewältigen zu können und zudem oftmals als gemeinnützig anerkannt – eine wichtige Voraussetzung um Menschen in Ein-Euro-Jobs nach Hartz IV beschäftigen zu dürfen. Deshalb war es nicht überraschend, dass der Berliner Kultursenator schon vor Monaten den Vorschlag machte, das Bewachungspersonal in Museen durch Ein-Euro-Kräfte zu ersetzen.

Der Kulturbereich hat seine eigenen Erfahrungen mit dem Einsatz von Arbeitsbeschaffungsmaßnahmen gemacht. Ohne sie hätten zum Beispiel viele Soziokulturelle Zentren nie ihren Betrieb aufnehmen und aufrechterhalten können. Aber der Einsatz der Arbeitsbeschaffungsmaßnahmen hat gleichzeitig verhindert, dass wirklich tragfähige Strukturen für Soziokulturelle Zentren mit dauerhaft angestellten und vernünftig honorierten Beschäftigten im ersten Arbeitsmarkt entstehen konnten. Denn schon damals war die Absicht über die Arbeitsbeschaffungsmaßnahmen, die Beschäftigten in den ersten Arbeitsmarkt zu bringen, oftmals nur ein frommer Wunsch. Und heute? Aus den 20.000 Ein-Euro-Digitalisierern, die maximal neun Monate beschäftigt werden dürfen, werden summa summarum fast 27.000 Digitalisierer im Jahr. Macht in fünf Jahren 135.000 Menschen, die nur über dieses eine Projekt in den ersten Arbeitsmarkt Kultur gebracht werden sollen. Absurd!

In Wirklichkeit werden die Hoffnungen der Ein-Euro-Beschäftigten im Kulturbereich enttäuscht werden müssen. Nicht nur, weil schon jetzt keine neuen Stellen im Kulturbereich in Aussicht sind, sondern weil die Ein-Euro-Jobs zum radikalen Abbau der festen Anstellungen im Kulturbereich führen werden.

Schamhaftes Schweigen

1. März 2005

Woran liegt es, dass die wirtschaftliche Lage der Maler, Schriftsteller oder Komponisten eine geringere Aufmerksamkeit in der Öffentlichkeit erhält als zum Beispiel die Finanznot eines Theaters oder der Rückgang des CD-Absatzes eines Musikmultis?

Die großen Kulturinstitutionen, die Theater, Opern und Museen sind im Stadtraum und damit im Bewusstsein der Öffentlichkeit unübersehbar und die Film- und Musikindustrie feiert sich, wie gerade an der 55. Berlinale in Berlin gesehen, gekonnt selbst. Die Medien saugen begierig die »News« des vermeintlich schillernden Kulturbetriebes auf. Nur die Protagonisten von all dem, die freischaffenden Künstler, werden oft vergessen. Im Durchschnitt leben sie von weniger als 1.000 Euro pro Monat. Viele Künstler erreichen selbst dieses karge Einkommen nicht mehr und erhalten, sollten sie keinen der begehrten Taxijobs ergattert haben, mit viel Glück einen Ehrensold des Bundespräsidenten oder der Länder, sonst Sozialhilfe. Wie groß dieses Problem wirklich ist, wird durch die zahlreichen Fragen deutlich, die nach der Umstellung der Sozialhilfe auf das Arbeitslosengeld II am Anfang des Jahres an den Deutschen Kulturrat gestellt wurden.

Künstler, von denen ich es nie und nimmer geglaubt hätte, leben seit Jahren von Sozialhilfe. Maler, deren neueste Werke gerade noch in einem Museum zu sehen waren und Schriftsteller, deren Arbeiten regelmäßig verlegt werden, können offensichtlich nicht von ihrer Arbeit leben. Der öffentlich-rechtliche Rundfunk, der jahrzehntelang eine der wichtigsten Einnahmequellen für Urheber war, fällt wegen seiner Finanznot immer öfter aus. Aber auch die öffentlichen Hände kaufen nur noch äußerst selten Kunstwerke an oder erteilen den Auftrag für eine Komposition. »Kunst am Bau«, für die eigentlich zwei Prozent der Bausumme von öffentlichen Gebäuden verwendet werden sollte, fällt wegen der Angst vor einem populistischen Rüffel des Rechnungshofes oder dem Bund der Steuerzahler immer öfter schon im vorauseilenden Gehorsam weg. Öffentliche Künstlerförderungsprogramme, Stipendien oder Atelierförderungen waren vielfach schon vor Jahren die ersten Einsparungsziele der Kommunen und Länder.

Bislang konnte man sich einreden, dass ein erfolgreicher Künstler auch gut von den Erträgen seiner Arbeit leben kann. Also war ein armer Künstler ein erfolgloser Künstler und letztlich selbst Schuld. Doch jetzt, wo immer öfter auch anerkannte Künstler arm sind, geht diese einfache und schon immer falsche Rechnung nicht mehr auf.

Die Kulturpolitik tut sich sichtbar schwer mit diesem Problem. Dies liegt auch daran, dass die Künstler auf ihre schwierige Situation nicht laut genug aufmerksam machen. Doch wer spricht schon gerne darüber, dass sein Verdienst nicht ausreicht, um überleben zu können. Das schamhafte Schweigen der Künstler könnten am besten die Künstler brechen, die selbst von Armut nicht betroffen sind. Sie könnten für die dringend notwendige öffentliche Beachtung für ihre Kollegen sorgen. Es ist Zeit für eine solche Solidarität unter Künstlern.

Kakaopulver

1. Mai 2005

Die Sahne auf dem Kaffee ist ein beliebtes Bild, um das Verhältnis von privater zu öffentlicher Kulturförderung zu beschreiben. Die öffentliche Hand finanziert den Kaffee, der private Förderer die Sahne auf dem Kaffee. Damit stellen besonders die Vertreter von Stiftungen und Unternehmen klar, dass sie sich nicht in der Verantwortung für eine dauerhafte Kulturförderung sehen, sondern zusätzlich das kulturelle Sahnehäubchen spendieren wollen.

Doch was passiert eigentlich, wenn auch die öffentlichen Hände keine dauerhafte Kulturförderung mehr unternehmen wollen? Der haushaltstechnische Begriff für eine dauerhafte Unterstützung lautet »Institutionelle Förderung« und ist in den letzten Jahren gerade bei den für Kulturförderung verantwortlichen Politikern zum Unwort geworden. Eine »Institutionelle Förderung« würde die Haushaltsmittel dauerhaft binden und sollte nur noch in extremen Ausnahmefällen gewährt werden. »Projektförderung« ist das Zauberwort. Kurzfristig, zeitlich begrenzt und natürlich immer innovativ muss das zu fördernde kulturelle Projekt sein. Zeitlich unbefristet festangestellte Mitarbeiter, funktionierende Infrastrukturen, alles nur noch Begriffe aus dem vergangenen Jahrhundert. Für die Politiker und die Kulturverwaltungen hat das Vorteile: Es gibt immer etwas Neues zu entscheiden. Hier ein paar Euro, dort einen kleinen Zuschuss und wer Geld verteilen darf, wird immer auch gemocht. Einen Rechtsanspruch auf eine Förderung gibt es aber selbstverständlich nicht.

Die Spitze der Entwicklung sind die Kulturstiftungen von Bund und Ländern. Besonders die nach eigenen Angaben größte Kulturstiftung Europas, die Kulturstiftung des Bundes, zeigt, wie in der Zukunft Kulturförderung funktionieren soll. Institutionelle Förderung ist gänzlich verboten.

Der Niedergang der Berliner Symphoniker hat es gerade erst deutlich gemacht: Wenn die öffentliche Hand eine dauerhafte Finanzierung verweigert, werden die Privaten die Lücke nicht füllen. Das liegt nicht nur daran, dass es eindeutig nicht ihre Aufgabe ist, sondern dass das private Engagement, ob über Stiftungen, Spenden oder Sponsoring, im Kulturbereich ständig größer geredet wird, als es in Wirklichkeit ist.

Die öffentlichen Hände finanzieren nur noch die kulturellen Sahnehäubchen, die Privaten liefern das Kakaopulver zur Verzierung der Sahne und der Kaffee darunter wird schal, das ist das zeitgemäße Bild bundesdeutscher Kulturförderung. Mit nachhaltiger Kulturpolitik hat das nichts zu tun.

Expansion

1. Juli 2005

Im Jahr 1998 wurde Helmut Kohl als Bundeskanzler abgelöst. Er wurde stellvertretendes Mitglied des neu installierten Bundestagsausschusses für Kultur und Medien. Derselbe Bundeskanzler hatte nur wenige Jahre vorher die Order gegeben, dass der letzte kleine Ort im Deutschen Bundestag, in dem noch über Bundeskulturpolitik debattiert werden durfte, der Unterausschuss Kultur des Innenausschusses, abgeschafft wurde. Nicht dass Helmut Kohl, und besonders sein Staatsminister Anton Pfeifer, keine Kulturpolitik gemacht hätten. Nur die Kulturpolitik unter Kohl war eine Art geheime Kommandosache.

Bundeskanzler Gerhard Schröder hat der Geheimniskrämerei glücklicherweise ein Ende gesetzt. Der Bundestag durfte endlich einen selbstständigen Ausschuss für Kultur und Medien einrichten und im Kanzleramt wurde ein Staatsminister für Kultur und Medien offiziell ernannt.

Nach einer kosmetischen Namensänderung heißt die Staatsministerin heute »Die Beauftragte der Bundesregierung für Kultur und Medien (BKM)« und leitet eine oberste Bundesbehörde mit 190 Mitarbeitern in Bonn und Berlin. Zum BKM gehören als so genannte nachgeordnete Behörden das Bundesarchiv in Koblenz, das Bundesinstitut für Kultur und Geschichte der Deutschen im östlichen Europa in Oldenburg und seit dem 1. Januar dieses Jahres auch die Behörde der Bundesbeauftragten für die Unterlagen des Staatssicherheitsdienstes der ehemaligen Deutschen Demokratischen Republik in Berlin.

Das sieht nach viel aus, ist in Wirklichkeit aber eher wenig. Die Auswärtige Kulturpolitik gehört nicht zum BKM, sondern wird vom Auswärtigen Amt betreut. Die Künstlersozialkasse ist in der Verantwortung des Sozialministeriums, das Urheberrecht wird im Bundesjustizministerium gestaltet und die kulturelle Bildung gehört zum Bundesbildungsministerium sowie zum Bundesjugendministerium. Die Baukultur schließlich ist im Bauministerium angesiedelt. Das BKM selbst hat durch Gründung der Kulturstiftung des Bundes einen erheblichen Teil seiner Kulturförderungsmöglichkeiten ausgelagert.

Durch die Einrichtung des BKM wurde der Kulturpolitik auf der Bundesebene ein sichtbarer Kopf gegeben. Doch jetzt braucht das Amt auch Arme, Beine und einen Körper, damit es handeln kann. In der jetzigen körperlichen Verfassung ist das Amt zu schwach, um nachhaltig die Rahmenbedingungen für die Künstler, die Kulturwirtschaft und die Kultureinrichtungen zu verbessern. Das BKM muss expandieren, um über kurz oder lang zu einem Kulturministerium zu werden, das nicht mehr auf Wohl und Wehe vom Kulturinteresse des jeweiligen Bundeskanzlers oder Bundeskanzlerin abhängig ist.

Offenheit

1. September 2005

Der Millionendeal des Sammlers Hans Grothe, der jüngst den Großteil seiner Sammlung an das Ehepaar Ströher verkauft hat, zeigt die Verletzlichkeit und die Nützlichkeit der deutschen Museumslandschaft.

Grothe hatte »seine« Sammlung günstig erwerben können, da die Künstler und ihre Galeristen ein Interesse an der Platzierung der Kunstwerke in Museen hatten und großzügige Rabatte einräumten. Die Museen, allen voran das Kunstmuseum Bonn, haben Grothes Sammlung gehegt und gepflegt, wissenschaftlich aufgearbeitet, ausgestellt und in Katalogen publiziert. Aus den Schnäppchen aus den Künstlerateliers wurden so in den Jahren wertvolle Kunstschätze, die jetzt gewinnbringend veräußert wurden. Neben Grothe hat besonders der Großsammler Erich Marx, der den öffentlich finanzierten »Hamburger Bahnhof« in Berlin als eine Art Privatgalerie für seine Kunstsammlung betrachtet, Maßstäbe in der Verbindung von Mäzenatentum und Geschäftssinn gesetzt.

Kunstwerke sind (auch) eine Handelsware, das ist nicht anstößig – anstößig ist aber, wenn öffentliche Museen sich von Sammlern, die in Wirklichkeit eigentlich Kunsthändler sind, missbrauchen lassen, um die Sammlungswerte in die Höhe zu treiben. Marx in Berlin, Grothe in Bonn und jüngst auch Bock in Frankfurt sind nur drei Beispiele einer gefährlichen Entwicklung.

Die öffentliche Hand hat in vielen Museen für zeitgenössische Kunst den Ankaufsetat gegen Null gefahren. Wenn die Museen den Anschluss an die zeitgenössische Kunstentwicklung nicht verlieren wollen, müssen sie die Hilfe von engagierten Sammlern in Anspruch nehmen. Doch wie weit dürfen Museen dabei gehen? Der Direktor des Bonner Kunstmuseums Dieter Ronte sagte zur Beruhigung: »Solange ich in Bonn bin, bleiben wir ein autonomes Museum«. In Wirklichkeit ist diese Äußerung zutiefst beunruhigend. Ein öffentliches Museum hat immer ein »autonomes« Museum zu sein. Die Großzügigkeit von Kunstsammlern wird dringend gebraucht, damit die Museen gerade auch in der Zukunft zeitgenössische Kunstwerke präsentieren können. Aber das Sagen im Museum darf nicht der Sammler, sondern muss die öffentlich bestellte Museumsleitung haben. Ob der Hamburger Bahnhof in Berlin, das Kunstmuseum in Bonn und andere Museen in Deutschland wirklich noch »autonome« Institutionen sind, kann nur beurteilt werden, wenn alle Leihverträge, Vereinbarungen und Absprachen zwischen den Museen und den Sammlern veröffentlicht werden. Ohne diese Offenheit wird das Museumswesen in Deutschland dauerhaft beschädigt werden.

Wissenslücken

1. November 2005

Als das Bundesarbeitsministerium Anfang der 1970er-Jahre bei dem Zentrum für Kulturforschung in Bonn die Künstler-Enquete in Auftrag gab, lag die Bundesrepublik noch in tiefem kulturpolitischem Schlaf. Die Ergebnisse der Enquete – besonders der 1975 erschienene Künstlerreport – führten zu einer deutlichen Politisierung der Bundeskulturpolitik und waren letztendlich die Initialzündung zur Errichtung der Künstlersozialversicherung.

Das ist alles lange her. Die Wiedervereinigung und die Globalisierung haben Deutschland fundamental verändert. Die Kulturpolitik des Bundes hat an Selbstbewusstsein gewonnen und mehr als 140.000 Künstler sind heute Mitglied der Künstlersozialversicherung. Doch noch immer ist der Künstlerreport von 1975 die einzige wirkliche umfangreiche empirische – quantitative und qualitative – Erhebung in diesem Feld. Über die Künstler im Jahr 2005, wie sie arbeiten und wie sie überleben, wissen wir sehr wenig.

Natürlich gibt es und gab es immer wieder Untersuchungen zur Situation der Künstler – zuletzt die empirische Arbeit von Dangel und Piorkowsky zum Thema Existenzsicherung und Selbstständigkeit in Kunst und Kultur, die 2006 erscheinen wird. Eine kontinuierliche Forschung in diesem Feld fehlt aber. Als der Deutsche Bundestag 2003 die Enquete-Kommission »Kultur in Deutschland« einrichtete, glaubten viele, diese Enquete würde die Arbeit an dem Künstlerreport wieder aufnehmen. Die »Künstler-Enquete« der 1970er-Jahre und die Enquete-Kommission des Deutschen Bundestags »Kultur in Deutschland« der letzten Legislaturperiode haben zwar zum Verwechseln ähnliche Namen, sind aber trotzdem zwei vollständig verschiedene Instrumentarien. Die Enquete-Kommission »Kultur in Deutschland« des Deutschen Bundestags war kein wissenschaftliches Institut und konnte keine Erhebungen durchführen, aber sie konnte Aufträge an Wissenschaftler vergeben. Das hat sie in den letzten zwei Jahren bis zu ihrer vorzeitigen Auflösung auf Grund der Neuwahlen neun Mal getan. Aber ein neuer »Künstler-Report« war nicht darunter. Zwei Gründe sprachen gegen eine Vergabe: Die zu erwartenden Kosten für eine solche Erhebung können von einer Bundestagsenquete nicht aufgebracht werden und das enge Zeitkorsett einer Bundestagsenquete lässt eine ernsthaft empirische Untersuchung, die einige Jahre bis zu ihrer Fertigstellung benötigt, nicht zu.

Hier wird das Dilemma deutlich. Keine politik- und sozialwissenschaftliche universitäre Forschungseinrichtung betreibt kontinuierlich empirische Kulturpolitikforschung in Deutschland. Deshalb kann auch nicht – wie in anderen Politikfeldern üblich – kurzfristig valides Datenmaterial zur Verfügung gestellt werden.

Dieser Zustand ist nicht mehr hinnehmbar. Wir brauchen eine kontinuierliche, besonders empirische Kulturpolitikforschung, damit unsere Wissenslücken dauerhaft und immer aktuell geschlossen werden.

Jahresrückblick

1. Januar 2006

Begonnen hatte das Jahr mit der längst überfälligen Fusion der Kulturstiftung des Bundes und der Kulturstiftung der Länder zur Deutschen Kulturstiftung. Die Länder hatten in einem Kraftakt die Förderung ihrer Stiftung kurz vor der Fusion auf die Höhe der Bundesförderung der Kulturstiftung des Bundes angehoben, um Auge in Auge als Zeichen des neuen kulturpolitischen Selbstbewusstseins in die Bund-Länder-Stiftungs-Vereinigung zu gehen. Das war aber kein Ausdruck von Kraftmeierei, sondern der Auftakt für ein neues Miteinander von Bund und Ländern in der Kulturpolitik. Nachdem man bemerkt hatte, dass die Föderalismusreform, wie sie im Koalitionsvertrag vereinbart war, die Kulturverträglichkeitsprüfung nicht bestehen würde, änderten Bundestag und Bundesrat das Vorhaben rechtzeitig im Frühjahr ab.

Die Kulturminister der Länder setzten wenige Wochen später durch, dass die Kultusministerkonferenz (KMK) nicht mehr länger vorwiegend eine Schulministerkonferenz war, sondern sich nun auch in einem gleichberechtigten zweiten Schwerpunkt um Kulturpolitik kümmerte. Die Bildung der Kultur- und Kultusministerkonferenz (KKMK) setzte Schleswig-Holstein und Nordrhein-Westfalen unter erheblichen Handlungsdruck. Sie hatten das Amt des Kulturministers im vergangenen Jahr abgeschafft und konnten nun am Tisch der Kulturministerkonferenz nicht gleichberechtigt Platz nehmen. Flugs korrigierten sie diesen Fehler. Der Bund war erst irritiert durch so viel Dynamik. Doch schon in der zweiten Jahreshälfte startete der Bund seine großangelegte »Zukunftsinitiative Kultur«, in der die verschiedenen kulturpolitischen Ressorts der Bundesregierung verbunden wurden. Das Amt des Kulturstaatsministers, das Auswärtige Amt, das Sozialministerium, das Bildungsministerium und sogar das Wirtschaftsministerium beteiligten sich an der gemeinsamen Kraftanstrengung für die Kultur.

Der Bund und die Länder befanden sich in einem kollegialen Kulturwettstreit. Nachdem die Bundesregierung auch im September die Aufnahme des »Staatsziels Kultur« ins Grundgesetz noch nicht auf den Weg gebracht hatte, übernahm der Bundesrat auf Anregung der KKMK kurzerhand die Initiative. Auch die Kulturverbände wurden von dem neuen Geist mitgerissen. Alte Tabus galten nicht mehr. Die Auswirkungen des demografischen Wandels, der Migration und die Abwanderungsbewegungen von Teilen der Bevölkerung auf die kulturelle Infrastruktur wurden offen und schonungslos in den Verbänden debattiert. Gemeinsam mit den Kommunen, den Ländern und dem Bund wurden die ersten Grundsteine für eine mittel- und langfristige Kulturpolitikplanung gelegt. Am Ende des Jahres boten Bund und Länder den Kulturverbänden sogar eine gleichberechtigte Mitwirkung in der Deutschen Kulturstiftung an, da gerade in der Kulturförderung eine staatsferne Vergabe von Mitteln allen Beteiligten sinnvoll erschien. Kurz vor Ende des Jahres wurde noch die Vereinbarung von Bund und Ländern über eine einheitliche und damit vergleichbare Kulturstatistik unterschrieben. Damit ging ein traumhaftes Jahr 2006 zu Ende.

Leitkulturstandards

1. März 2006

Die Hamas gewinnt die demokratischen Wahlen in den Palästinensergebieten. Welch' ein Schock! Da hat besonders die Europäische Union – ganz im Sinne ihrer Leitkultur – auf demokratische Wahlen in den Palästinensergebieten gedrängt und dann wählt die Bevölkerung mehrheitlich die Partei, die gerade nicht für die vermeintlichen Werte europäischer Leitkultur stehen. Diese sind in diesem Fall hauptsächlich ein eindeutiger Gewaltverzicht und die unmissverständliche Anerkennung Israels.

Doch nicht nur die Hamas bestreitet uns das Recht, eine universelle Leitkultur zu definieren. Nur in einem Bruchteil der Staaten sind unsere auch im Grundgesetz verbrieften Leitkulturstandards wie Menschenwürde, Freiheit und Gleichheit, verwirklicht.

»Die Würde des Menschen ist unantastbar. Sie zu achten und zu schützen ist Verpflichtung aller staatlichen Gewalt«, steht im Grundgesetz der Bundesrepublik Deutschland (Art. 1.1). Doch was die Würde ausmacht, kann nicht allein Gesetzestexten entnommen werden. Auch die Rechtsprechung liefert nur Anhaltspunkte. Gefüllt wird der hohe Anspruch des Grundgesetzes erst durch unser Menschenbild und von ihm abgeleitet durch unser Gesellschaftsbild. Beides, Menschen- und Gesellschaftsbild, sind hauptsächlich durch die Kultur geprägt.

Unsere Leitkulturstandards Menschenwürde, Freiheit und Gleichheit sind nicht universell anerkannt. Nicht alle Menschen, nicht alle Gesellschaften streben danach. Und wir haben nicht das Recht, unsere Leitkulturstandards als etwas allein Seligmachendes in die Welt zu exportieren. Aber wir haben das Recht, die Standards in unserer eigenen Gesellschaft zu verteidigen.

Jede Kultur muss sich behaupten wollen, auch die unsrige. Der Begriff der Leitkultur ist ein Instrumentarium, um Position zu beziehen. Es geht nicht nur um die Beschreibung des kulturellen Zustands der Gesellschaft, sondern um die Beschreibung ihrer Ideale. Menschenwürde, Freiheit und Gleichheit sind auch in Deutschland einfach nur staatlich garantierte Selbstverständlichkeiten, sondern müssen im kulturellen Kontext immer wieder neu bewiesen werden. Deshalb greift der von einigen geforderte »Verfassungspatriotismus« statt »Leitkultur« deutlich zu kurz. Gerade weil Deutschland ein Zuwanderungsland ist, muss sich die deutsche Gesellschaft, also alle in Deutschland lebenden Menschen, immer wieder neu vergewissern, welche Leitkultur diese Gesellschaft trägt.

Der Begriff der Leitkultur ist ein gewollter Begriff der Abgrenzung. Eine Kultur, die sich behaupten will, muss beschreiben, was sie ausmacht und wo die Grenzen ihrer Offenheit überschritten werden. Kulturelle Unterschiede zu benennen, ist nicht nur ehrlich, sondern das Mindestmaß an Achtung anderen Kulturen gegenüber. Der Begriff einer deutschen Leitkultur dagegen ist irreführend, weil er negiert, dass unsere Gesellschaft längst nicht mehr nur aus Deutschen besteht und deshalb eine deutsche Leitkultur Teile der in Deutschland lebenden Menschen ausschließen würde. Leitkultur ist ein Konglomerat aus Geschichten, Traditionen und Religionen. Leitkultur muss letztlich einen klaren Standort beschreiben: nämlich wie viel Staat, wie viel Pressefreiheit, wie viel Achtung der Religionen wir wollen. Nur eine Gesellschaft, die bereit ist, sich in dieser schwierigen Gemengelage auf einige kulturelle Fundamente zu einigen, wird ihre Kultur im Wettbewerb der Kulturen behaupten können. Deshalb, finde ich, ist eine Leitkulturdebatte unumgänglich.

Spannungsverlust

1. Mai 2006

Wer macht eigentlich die Auswärtige Kulturpolitik Deutschlands? Auswärtiges Amt, Bundesministerium für wirtschaftliche Zusammenarbeit, Goethe-Institut, Deutscher Akademischer Austauschdienst, Alexander von Humboldt-Stiftung, Zentralstelle für das Auslandsschulwesen, Institut für Auslandsbeziehungen, Haus der Kulturen der Welt, Deutsche UNESCO-Kommission, Deutsche Welle, Deutsche Forschungsgemeinschaft (internationaler Bereich), Deutsches Archäologisches Institut, InWent – Internationale Weiterbildung und Entwicklung gGmbH, Pädagogischer Austauschdienst (Abteilung der KMK), Gesellschaft für technische Zusammenarbeit GmbH, Kulturstiftung des Bundes und Auslandskulturarbeit der Kirchen sind die wichtigsten und längst nicht alle Gestalter der deutschen Auswärtigen Kulturpolitik.

Die Entscheidung in der Mitte des letzten Jahrhunderts, die Auswärtige Kulturpolitik Deutschlands nicht gänzlich in der Hand des Staats zu belassen, war wegweisend. 1970 wurde als nächster Schritt die dialogische und partnerschaftliche Kulturarbeit zur dritten Säule der Außenpolitik erklärt. Spätestens seit dieser Zeit stehen sich der Staat und die sogenannten Mittlerorganisationen wie zum Beispiel das Goethe-Institut und das Institut für Auslandsbeziehungen, die eingetragene Vereine, also staatsfern sind und damit einen Teil der Zivilgesellschaft darstellen, gegenüber.

Natürlich ist Auswärtige Kulturpolitik hauptsächlich eine staatliche Aufgabe. Das kann man schon an den bilateralen Abkommen über kulturelle Zusammenarbeit erkennen, die die Bundesrepublik Deutschland von Afghanistan bis Zypern mit 95 Ländern abgeschlossen hat. Doch war es bislang gerade das Spannungsverhältnis zwischen Staat und Zivilgesellschaft, das die deutsche Auslandskulturarbeit auszeichnet. Dieses Spannungsverhältnis hat in den letzten Jahren deutlich an Spannung verloren.

Die Trennung zwischen Staat und Zivilgesellschaft verschwimmt. Die Wahrung deutscher kultur- und bildungspolitischer Interessen, der Wertedialog und die Konfliktprävention werden zu den Leitlinien staatlicher und oft auch der nichtstaatlichen Akteure der Auswärtigen Kulturpolitik. Eine sichtbare öffentliche Diskussion über die Ziele der deutschen auswärtigen Kulturpolitik ist nicht erkennbar. Selbst die jüngste finanzielle Beschneidung des Goethe-Instituts löst keine umfangreiche öffentliche Debatte aus.

Nun wurde im Deutschen Bundestag gerade die Verantwortung für die Kontrolle der auswärtigen Kultur- und Bildungspolitik der Bundesregierung aus dem Kulturausschuss abgezogen und in einen Unterausschuss des Auswärtigen Ausschusses übertragen. Kontrolle ist hier wie dort sicher gleich effektiv möglich, doch wird der Unterausschuss auch die notwendige inhaltliche Debatte öffentlich führen?

Die Auswärtige Kulturpolitik mit ihren vielen staatlichen, staatsnahen und staatsfernen Organisationen muss anfangen, ihre Standorte neu zu beschreiben. Wenn der Unterschied zwischen Staat und Zivilgesellschaft verwischt, wird letztendlich nur der Staat gestärkt. Wenn die staatsfernen Mittlerorganisationen der Auswärtigen Kulturpolitik als eigenständige Strukturen überleben wollen, werden sie jetzt in eine öffentliche Diskussion eintreten müssen.

Unfair

1. Juli 2006

Eine Föderalismusreform, die den Namen verdient hätte, hätte die Idee des föderalen Wettbewerbes als eine der entscheidenden Triebfedern für Fortschritt in Deutschland ernst nehmen müssen. Doch die Sieger des immer wieder beschworenen Wettstreites unter den Bundesländern stehen doch längst fest: Bayern, Baden-Württemberg, Nordrhein-Westfalen und Hessen gehen mit einem solch großen Vorsprung an den Start, dass Länder wie Rheinland-Pfalz, Brandenburg, Schleswig-Holstein, Mecklenburg-Vorpommern oder gar die Länder Bremen, Berlin und das Saarland sich eigentlich gar nicht erst zum Start aufstellen müssten. Zu groß ist der Unterschied zwischen den kleinen und den großen, den finanzstarken und den finanzschwachen Ländern. Nur eine grundlegende Neugliederung der Länder hätte es vermocht, einigermaßen vergleichbare Startbedingungen für einen wirklich fairen Wettbewerb zu schaffen.

In der ersten Sitzung der Föderalismuskommission im Oktober 2003 sagte der damalige Bürgermeister von Bremen, Henning Scherf, dass man hier über alles reden könne, aber nicht über eine Neugliederung der Länder. Und dabei ist es leider weitgehend auch geblieben. Eine sehr anerkennenswerte Ausnahme machen seit einiger Zeit nur Schleswig-Holstein und Hamburg mit ihrer Diskussion um einen »Nordstaat«. Manche träumen gar vom »Küstenstaat Norddeutschland« von Cuxhaven über Lüneburg bis Flensburg mit der Hauptstadt Hamburg. Natürlich sind solche Veränderungen nicht einfach zu erreichen. Der gescheiterte Zusammenschluss von Berlin und Brandenburg wiegt immer noch schwer und muss bald, im Interesse der beiden Länder, korrigiert werden.

Gerade die Ergebnisse der Föderalismusreform werden den Abstand zwischen den Ländern noch einmal vergrößern. Die starken Länder werden den Wettbewerb im Bildungs-, Wissenschafts- und Kulturbereich, bei den Kindergärten und Schulen in der Zukunft noch klarer für sich entscheiden. Die Länder haben nämlich bei der ersten Lesung Föderalismusreform im März im Bundesrat, nur mit Enthaltung des Ministerpräsidenten von Mecklenburg-Vorpommern, einstimmig dafür votiert, den Bund durch eine Änderung des § 104 b des Grundgesetzes so weit wie irgend möglich aus der Mitfinanzierung herauszuhalten. Dass man nun, vernünftigerweise, bei den Hochschulen ein Auge zudrücken will, liegt einfach daran, dass selbst die starken Länder den Ansturm von Studierenden in den nächsten Jahren ohne Bundeshilfe nicht werden schultern können und ändert nichts Grundsätzliches am angestrebten Kooperationsverbot zwischen Bund und Ländern. Dass Bayern, Baden-Württemberg und zum Beispiel auch Nordrhein-Westfalen den Bund zurückdrängen wollen, um damit ihren Vorsprung vor den finanzschwachen Ländern auszubauen, ist zwar nicht besonders fair, leuchtet aber ein. Aber was um Himmels willen versprechen sich denn die Habenichtse unter den Ländern von einer solchen Beschneidung des Bundes?

Die Föderalismusreform ist gescheitert! Sie ist gescheitert, weil die wirkliche Reform mit einer bundesweiten Neugliederung der Länder nicht gewollt wurde und weil der nun angestrebte kleinste gemeinsame Nenner auch noch schädlich, gerade auch für den Schul- und Kulturbereich, ist. Das Mehr an Freiheit, das der Bund bei der Gesetzgebung gegenüber den Ländern durch die Föderalismusreform gewinnen wird, werden die Bewohner der finanzschwachen Bundesländer teuer bezahlen müssen.

Kurzgeschichte

1. September 2006

Am 14. September 1981, also vor 25 Jahren, trafen sich kulturpolitische Bundesverbände und Organisationen in der Parlamentarischen Gesellschaft in Bonn zur Gründung eines Kulturrates nach dem Vorbild von Kulturräten in den Niederlanden und in Schweden. Mit 25 Jahren hat der Deutsche Kulturrat eine ausgesprochene »Kurzgeschichte« vorzuweisen. Der Deutsche Kulturrat ist, gerade was seine späte Gründung angeht, auch ein Teil einer weitgehend noch unaufgearbeiteten Geschichte der Kulturpolitik des 20. Jahrhunderts.

Die dunklen Schatten, die sich über nicht wenige Künstler, Ausstellungsmacher, Kritiker, Kulturpolitiker und Verbandsvertreter im Dritten Reich gelegt haben, sind vielfach noch nicht aufgearbeitet. Es waren nicht nur das Reichsministerium für Volksaufklärung und Propaganda und die Reichskulturkammern, die damals ihr Unwesen trieben, sondern auch Künstler, die Künstler denunzierten, Kunsthochschulen und Akademien, die sich unliebsamer, meist jüdischer und linker Studenten und Professoren entledigten, Kunstkritiker, die die Ausstellung »Entartete Kunst« bejubelten und Kulturverbände, denen es nicht schnell genug gehen konnte, sich dem nationalsozialistischen Staat anzubiedern und willfährig zu sein.

Die Angst vor einer zweiten Reichskulturkammer saß in der jungen Bundesrepublik verständlicherweise tief. Und so ist es zu verstehen, warum erst 36 Jahre nach Kriegsende der Deutsche Kulturrat, als Dachverband der Bundeskulturverbände gegründet wurde. In der Satzung des Deutschen Kulturrates sind das Eintreten für die demokratische Gestaltung und die Transparenz kulturpolitischer Entscheidungsvorgänge sowie die Stärkung des Prinzips der Selbstverwaltung im kulturellen Bereich und das Eintreten für Kunst-, Publikations- und Informationsfreiheit eindeutig und unmissverständlich festgeschrieben. Der Deutsche Kulturrat hat nicht nur wegen seiner kurzen Geschichte keine, auch nur entfernte Ähnlichkeit mit der Reichskulturkammer, aber er ist trotzdem Teil der deutschen Kulturpolitikgeschichte.

Gerade in den letzten Monaten wird das grundsätzliche Eintreten des Deutschen Kulturrates für die Kunst-, Publikations- und Informationsfreiheit auf eine harte Probe gestellt. Soll die Werkschau von Arno Breker in Schwerin wirklich verboten werden oder muss nicht endlich das Werk von Hitlers Lieblingskünstler öffentlich entmystifiziert werden?

Das zu späte Eingeständnis von Günter Grass, Mitglied der Waffen-SS gewesen zu sein, zeigt, wie schwer sich gerade der Kulturbereich mit der Aufarbeitung dieser Epoche tut. Es wird Zeit, endlich mehr Licht ins Dunkle zu bringen. Das wird nur möglich sein, wenn die Debatte über die deutsche Kulturpolitikgeschichte des 20. Jahrhunderts offen und ungeschminkt geführt wird.

Ort

1. November 2006

Der Schwerpunkt »Kultur und Kirche« in der letzten Ausgabe von »Politik & Kultur« hat große Wirkung gezeigt. Stimmt es wirklich, dass die beiden großen Kirchen mehr als vier Milliarden Euro pro Jahr für Kulturförderung ausgeben, war eine der meist gestellten Fragen. Aber auch heftige inhaltliche Diskussionen hat der Schwerpunkt ausgelöst. Was darf man über die Kirchen, über Religion schreiben, wo, wenn überhaupt, endet die Meinungsfreiheit? Warum wurde im Schwerpunkt nicht kritischer über Kirche berichtet?

Auch innerhalb der Kirchen wurde der Schwerpunkt »Kultur und Kirche« zur Kenntnis genommen. Die Deutsche Bischofskonferenz hat zum Beispiel bei ihrer Herbsttagung zum ersten Mal einen Studientag zum Thema »Kirche und Kultur« durchgeführt, bei der der »Politik & Kultur«-Schwerpunkt eine erfreulich große Rolle gespielt hat.

Religiöse Fragen spielten ebenfalls eine wichtige Rolle bei der Absetzung der Mozart-Oper »Idomeneo« vom Spielplan der Deutschen Oper Berlin und bei dem geplanten Verkauf von Handschriften aus der Badischen Landesbibliothek in Karlsruhe. Bei der »Idomeneo«-Inzenierung von Hans Neuenfels werden in der Schlussszene die abgeschnittenen Köpfe der Religionsgründer Jesus, Buddha und Mohammed gezeigt. Die Angst vor gewaltsamen Reaktionen auf diese Szene hatte zur Absetzung des Stückes vom Spielplan geführt. Bei dem geplanten Verkauf von Büchern aus der Badischen Landesbibliothek zur Sanierung des Adelshauses Baden handelt es sich um eine Handschriftensammlung der im Zuge der Säkularisation aufgehobenen Klöster Reichenau, St. Peter, St. Blasien, St. Georgen und Wonnetal. Beiden »Fällen« gemeinsam ist, dass sie durch eine geradezu groteske Fehleinschätzung der Verantwortlichen ausgelöst wurden, dass die Fragen von Religion und Kultur unmittelbar berührt sind und dass sich die Verantwortlichen letztendlich glücklicherweise nicht werden durchsetzen können. »Idomeneo« in der Inszenierung von Neuenfels wird in der Deutschen Oper Berlin wieder gespielt werden und das Land Baden-Württemberg wird die wertvollen Kloster-Handschriften nicht verkaufen können.

Religionsfragen spielen eine immer größer werdende Rolle in aktuellen kulturpolitischen Auseinandersetzungen. Der Schwerpunkt »Kultur und Kirche« war deshalb nur der erste Aufschlag. Die Arbeit der Kirchen und Religionsgemeinschaften soll in der Zukunft regelmäßig eine Rolle in Politik & Kultur spielen.

Der Vorsitzende der Deutschen Bischofskonferenz Karl Kardinal Lehmann, sagte im Schlusswort zum Studientag »Kirche und Kultur« der Deutschen Bischofskonferenz: »Kunst ist ein locus theologicus und Kirche ein locus inspirationis artium. Diesen Dialog sollten wir auch für die Zukunft als Verpflichtung wahrnehmen.« Politik & Kultur versucht ein »Ort« dieses Dialoges zu werden.

Kultureller Takt

1. Januar 2007

An zehn Sonntagen im Jahr, einschließlich aller Adventssonntage, jeweils von 13 bis 20 Uhr dürfen in Berlin die Geschäfte offen bleiben. An Werktagen, also von montags bis samstags, immer rund um die Uhr. Damit ist Berlin in Deutschland das ultimative Einkaufsmarathonparadies. Brandenburg steht Berlin aber nicht viel nach. Auch hier ist Shopping an Werktagen und an sechs Sonntagen, werktags wie sonntags rund um die Uhr erlaubt. Rund-um-die-Uhr-Öffnungszeiten sind jetzt an Werktagen ebenfalls in Hamburg, Hessen, Nordrhein-Westfalen und Sachsen-Anhalt zulässig und in Baden-Württemberg, Bremen, Niedersachsen, Schleswig-Holstein und Thüringen geplant. Die Sonntagsöffnungszeiten wurden in vielen Bundesländern bereits deutlich ausgeweitet oder sollen ausgeweitet werden. Nur Bayern hat sich bislang gegen eine Veränderung der Ladenöffnungszeiten ausgesprochen.

Das Berliner Kulturkaufhaus Dussmann in Berlin hat alle seine Kunden zur Feier der Freigabe der Ladenöffnungszeiten zur Ladenschluss-Killer-Party eingeladen. »Dienstleistungsgenuss ohne Ladenschluss, das war immer mein Drängen und meine Devise«, sagte Peter Dussmann voller Stolz.

Und alles wäre so schön, wenn es im neuen Kaufparadies nicht diese Miesmacher von den Gewerkschaften und den Kirchen gäbe. Die einen sehen das Familienleben der Mitarbeiter im Einzelhandel gefährdet, die anderen sorgen sich um den Sonntag als Tag der Ruhe und der seelischen Erbauung. Die Freigabe der Ladenöffnungszeiten ist, da haben die Kirchen und die Gewerkschaften Recht, ein Angriff auf unsere Kultur. Sie zerstört den gesellschaftlichen Rhythmus von Arbeitszeit und Freizeit. Dieser Lebenstakt ist eine die Gesellschaft verbindende kulturelle Klammer. Natürlich gibt es immer Menschen, die außerhalb dieses Taktes arbeiten müssen, um notwendige Dienstleistungen für die Gesellschaft zu erbringen. Aber – die Mehrzahl der Bürger leben im Takt. Freizeit ist die notwendige Zeit der Erbauung, der Reflektion, letztlich der kulturellen Selbstvergewisserung. Freizeit ist die Zeit der Kontakte mit der Familie, mit Freunden. Freizeit ist auch die Zeit für das ehrenamtliche Engagement für die Gesellschaft. Aber auch der Besuch von kulturellen Ereignissen findet hauptsächlich im Freizeittakt statt. Abends, an Sonn- und Feiertagen, spielen die Theater, geht man ins Konzert oder ins Museum. Freizeit als gesellschaftliches, kulturelles Phänomen funktioniert nur dann, wenn der überwiegende Teil einer Gesellschaft sich zur selben Zeit im Freizeittakt befindet.

Peter Dussmann will uns den Freizeittakt stehlen, weil er hofft, dass, wenn Menschen zu jeder Tages- und Nachtzeit, an Werktagen oder an Sonntagen in sein Kulturkaufhaus gehen dürfen, sie mehr Bücher und CDs kaufen werden. Doch wenn jeden Tag 24 Stunden lang Shopping pur angesagt ist, wenn die Gesellschaft erst einmal aus dem jahrhundertelang eingeübten kulturellen Takt gekommen ist, wird eine Buchhandlung wie das Kulturkaufhaus Dussmann eines der ersten ökonomischen Opfer der unausweichlichen kulturellen Verrohung sein.

Wiedergutmachung

1. März 2007

Bild nimmt es mit der Wahrheit nicht so genau – das ist natürlich keine wirkliche Neuigkeit mehr, spätestens seit Günter Wallraf bei Bild Hans Esser war, wissen wir das. Doch immerhin kaufen täglich fast 3,5 Millionen Deutsche Bild und sonntags sind es immerhin 1,8 Millionen Menschen, die Bild am Sonntag lesen. Erreicht werden mit dieser Auflage nach Angaben von Bild 11,5 Millionen Leser in Deutschland. »Mit einer Fülle an Exklusivmeldungen verschafft Bild den Lesern jeden Tag einen Informationsvorsprung und bestimmt die Themen des Tages – klar, prägnant, mit den besten Fotos und den treffendsten Schlagzeilen«, so Bild über Bild. Die Bild-Zeitung bestimmt entscheidend mit, was in Deutschland zum Thema wird, sie befördert Menschen zu Helden und sie versenkt sie kurze Zeit später auch wieder. Sie ist neben dem Fernsehen für viele Menschen das einzige Informationsmedium, sie bestimmt maßgeblich das kulturelle Niveau unserer Gesellschaft mit.

Wer den täglich verzapften Unsinn nachlesen möchte, wird unter www.bildblog.de immer fündig werden und einen kleinen Eindruck von der organisierten Desinformation und der fast unbeschreiblichen Kulturlosigkeit aus dem Hause Springer erhalten. Besonders die Politiker nimmt sich Bild immer wieder gerne zur Brust. Faul sind sie, geldgierig und natürlich dumm. Den Schaden für die Demokratie durch die Berichterstattung der Bild-Zeitung ist immens und trotzdem wehren sich die Politiker nicht gegen Bild, weil sie Angst haben. Denn wer sich heute gegen Bild zur Wehr setzt, kann morgen das nächste Opfer sein.

Bild und Bild am Sonntag gehören zu 100 Prozent der Axel Springer AG. Stellvertretende Aufsichtsratsvorsitzende der Springer AG ist Friede Springer, die als Förderin auch Mitglied des Kuratoriums der Kulturstiftung der Länder ist.

Mit dem Projekt »Kinder zum Olymp« der Kulturstiftung der Länder sollen Kinder und Jugendliche, die den Draht zu Kunst und Kultur verloren haben, begeistert werden für die Vielfalt unserer Kultur und den Blick für den Reichtum ihrer eigenen Kreativität finden. Vielleicht gehören die Eltern dieser Kinder zu den 11,5 Millionen Bild-Lesern in Deutschland, dann wäre das Engagement von Friede Springer im Kuratorium der Kulturstiftung der Länder eine Art Wiedergutmachung.

Kunstgeschmack

1. Mai 2007

»Ein Erfolg, ein Erfolg!«, so überschrieb Birgit Walter ihren Artikel in der Berliner Zeitung über die gerade abgeschlossene Reform der Künstlersozialversicherung. Und sie hat recht. Die dritte Reform des Künstlersozialversicherungsgesetzes ist äußerst erfolgreich abgeschlossen worden. Die Künstlersozialversicherung, das sicherlich wichtigste Element der sozialen Künstlerförderung in Deutschland, wurde zukunftsfester gemacht.

Dabei ist es erst wenige Jahre her, als starke Steigerungen der Künstlersozialabgabe, die von Unternehmen, Kultureinrichtungen und Vereinen, die Leistungen freiberuflicher Künstler und Publizisten in Anspruch nehmen, gezahlt werden muss, die Künstlersozialversicherung in akute Gefahr brachten. Der Deutsche Kulturrat und das Bundesministerium für Arbeit und Soziales haben mit der Einrichtung eines Runden Tisches »Stärkung der Künstlersozialversicherung« schnell auf die Gefahr reagiert. Am Runden Tisch wurden in den letzten beiden Jahren die Vorschläge zur Stabilisierung der Künstlersozialversicherung diskutiert. Der Vorschlag des Staatssekretärs im Bundesministerium für Arbeit und Soziales Heinrich Tiemanns, durch die Einschaltung der Deutschen Rentenversicherung alle Unternehmen mit Beschäftigten im Rahmen der üblichen Prüfung über die ordnungsgemäße Entrichtung der Sozialversicherungsbeiträge auch zu kontrollieren, inwiefern Leistungen von freiberuflichen Künstlern und Publizisten in Anspruch genommen wurden und ob die Künstlersozialabgabe ordnungsgemäß abgeführt wurde, hat die Lösung gebracht. Man kann jetzt, nachdem der Vorschlag Eingang in das Künstlersozialversicherungsgesetz gefunden hat, davon ausgehen, dass mittelfristig die Künstlersozialabgabe sinken wird, da sich die Abgabelast auf mehr Schultern verteilt als bisher.

In den europäischen Nachbarländern wird das deutsche System der Künstlersozialversicherung gerade auch deshalb als Vorbild gesehen, weil es an der berufsmäßigen Ausübung einer künstlerischen Tätigkeit und nicht an der Qualität des Werkes ansetzt. In der Künstlersozialkasse sind sowohl Unterhaltungskünstler als auch Künstler so genannter »ernster Werke« versichert, und dieses Modell hat sich bewährt. Ebenso hat sich in den mehr als 20 Jahren ihres Bestehens als richtig erwiesen, dass der Gesetzgeber bewusst keine Definition der versicherten Berufsgruppen vornimmt. Es findet jeweils eine fundierte Einzelentscheidung der Künstlersozialkasse gegebenenfalls unter Einschaltung der Widerspruchsausschüsse, in denen Experten aus dem jeweiligen künstlerischen Feld vertreten sind, und notfalls der Gerichte statt.

Das Ansinnen einiger Politiker der Union, der FDP und von Bündnis 90/Die Grünen die Zahl der versicherten Künstler und Publizisten durch eine Neudefinition des Künstlerbegriffs im Künstlersozialversicherungsgesetz zu verringern, ist ein gefährlicher Weg. Politiker sollten bei der Definition »Wer ist ein Künstler?« äußerste Zurückhaltung üben. Sehr schnell kann ansonsten der eigene Kunstgeschmack zur Richtschnur werden.

Die gerade abgeschlossene Reform der Künstlersozialversicherung wird selbstverständlich nicht zur Lösung aller Probleme in und mit der Künstlersozialversicherung führen. Doch sollte jetzt erst einmal in Ruhe abgewartet werden, wie die Reform wirkt, bevor schon wieder über eine Reform der Reform gesprochen wird.

Aufgeräumt

1. Juli 2007

Wenn man noch einmal einen verklärten Blick zurück in die Bundesrepublik vor dem Mauerfall werfen will, ist Bonn, die alte Bundeshauptstadt, das beste Studienobjekt. Hier wurde, das spürt man selbst noch acht Jahre nach dem Umzug von Parlament und Regierung, anders Politik gemacht als heute an der Spree. Hier war die gute Republik zu Hause, hier wurde Politik noch im familiären Rahmen gemacht. Viele kleine, informelle, strenger Vertraulichkeit verpflichtete Zirkel wurden von viel weniger die Politik nervenden Journalisten kontrolliert. So informell, familiär und intransparent wie die ganze Politik war damals auch die Kulturpolitik.

Ängstlich darauf bedacht, jedem Streit mit den Ländern über die Kulturhoheit aus dem Weg zu gehen, erschöpfte sich die sichtbare Bundeskulturpolitik damals in der Gründung der Bundeskunsthalle und dem Haus der Geschichte, beide in Bonn. Diese beiden »Großkultureinrichtungen« sind letztendlich das Vermächtnis von 16 Jahren Kulturpolitik unter Helmut Kohl.

Mittlerweile haben wir uns – glücklicherweise – an eine politisch bedeutendere Bundeskulturpolitik gewöhnt. Es gibt einen Kulturstaatsminister, einen Kulturausschuss im Deutschen Bundestag, die Enquete-Kommission »Kultur in Deutschland«, die Bundeskulturstiftung und vieles Wichtige mehr. Und so ist Bonn mit seinen Relikten der Kulturpolitik der alten Republik etwas in Vergessenheit geraten. Doch jetzt stehen sie wieder im Fokus der Debatte. Der Bundesrechnungshof hatte die Bundeskunsthalle geprüft und erhebliche Verstöße gegen die Bundeshaushaltsordnung festgestellt. Ein Vorwurf, den der Bundesrechnungshof gerne und schnell erhebt. Köpfe, das ist die Forderung aus der Politik, sollen rollen – und sie rollen!

Doch was war eigentlich geschehen? Hatte die Bundeskunsthalle nicht das getan, was man in Bonn immer gemacht hatte? Waren es nicht die Politik und vor allem die in Bonn verbliebenen Ministerien, die gefordert hatten, alle erdenklichen Aktionen durchzuführen, damit Bonn auch nach dem Regierungsumzug »Bundesstadt« mit mindestens europaweiter Ausstrahlung bleibt? Das hat die Bundeskunsthalle durch ihren Konzertbetrieb und das Betreiben einer Eisbahn auf sicherlich sehr eigene Weise versucht zu unterstützen und dabei nach den Erkenntnissen des Bundesrechnungshofes die Bundeshaushaltsordnung erheblich gebrochen.

Jetzt wird aufgeräumt! Es hat schon etwas Erstaunliches, das nun gerade ein Kernelement der Kulturpolitik der Union der »Bonner Republik« vom ersten Kulturstaatsminister der Union geschliffen wird. Vielleicht ein Zeichen dafür, dass nun auch die Kulturpolitik der Union in Berlin angekommen ist.

Kunstdinge

1. September 2007

Die mögliche Wiederwahl von Bundespräsident Horst Köhler im Mai 2009, ein halbes Jahr vor der regulären Bundestagswahl, erregt schon jetzt die Gemüter. Bundespräsident Horst Köhler ist in der Bevölkerung äußerst beliebt und sogar die SPD, die bei der letzten Bundespräsidentenwahl noch alles versuchte, um die eigene Kandidatin gegen den Unionsmann in Stellung zu bringen, freundet sich zunehmend mit einer zweiten Amtszeit Köhlers an.

Horst Köhler ist ein ungewöhnlicher Bundespräsident. Er mischt sich öfter und unverblümter als seine Vorgänger in die Tagespolitik ein. Der nordrhein-westfälische Ministerpräsident Jürgen Rüttgers wie auch Innenminister Wolfgang Schäuble haben das schon schmerzhaft zu spüren bekommen. Auch bei der Prüfung von Gesetzen ist Horst Köhler äußerst streng. So wischte er das Gesetz über die Privatisierung der Flugsicherheit und auch das Verbraucherinformationsgesetz kurzerhand vom Tisch. In der Bevölkerung hat ihm das Pluspunkte eingebracht, weil endlich jemand bei vermeintlich handwerklich schlecht gemachten Gesetzen sein Veto einlegt.

Traditionell sind Bundespräsidenten der Kultur und den Künsten besonders verbunden. Bundespräsident Horst Köhler eröffnet deshalb Ausstellungen wie kürzlich die Schau der Spitzenwerke der französischen Malerei aus dem Metropolitan Museum in New York in Berlin oder die Ausstellung zum Werk Walter Kempowskis in der Akademie der Künste in Berlin. Er übernimmt die Schirmherrschaft über das Deutsche Musikfest 2007 in Würzburg. Er empfängt Künstler, wie den Oscar-Preisträger Florian Henckel von Donnersmarck und weitere Mitwirkende an dem Film »Das Leben der Anderen«, und er verleiht Orden wie zum Beispiel das Große Verdienstkreuz des Verdienstordens der Bundesrepublik Deutschland an Wolf Biermann. Aber ein Bundespräsident, der sich in kulturelle Diskurse einmischt, ist er leider nicht.

Vielleicht sind wir nicht ganz unschuldig daran. Erinnern wir uns, als vor wenig mehr als zwei Jahren Bundespräsident Horst Köhler im Berliner Ensemble in einer Feierstunde zum 200. Todestag von Friedrich Schiller gefordert hatte, klassische Stücke ungekürzt und werktreu zu spielen. Ein Sturm der Entrüstung aus der Kulturszene brach über den Bundespräsidenten herein. Der Bundespräsident hatte es gewagt, seine Meinung über Kunstdinge zu sagen.

Eigentlich, sind wir doch ehrlich, wäre es gut, wenn der Bundespräsident nicht nur Kunstausstellungen eröffnen und Orden an Künstlerbrüste heften würde. Deshalb meine unbescheidene Bitte an das Staatsoberhaupt, sich bei Kunstdingen nicht weiter vornehm zurückzuhalten. Ich freue mich schon auf spannende Auseinandersetzungen.

Turbokinder

1. November 2007

Die Anforderungen an Kinder und Jugendliche steigen unaufhörlich. Spätestens nach dem vermeintlichen PISA-Test-Desaster wurde die Leistungsschraube angezogen. Für Gymnasiasten, die neuerdings in acht Jahren zum Abitur gescheucht werden, ist eine Wochenarbeitszeit für den Unterricht und die Erledigung der Hausaufgaben von bis zu 50 Stunden keine Ausnahme mehr.

Schon im Kindergarten wird Englisch gelernt, das letzte Kindergartenjahr heißt Vorschule und soll zunehmend schon Schule sein, in der Grundschule fallen immer mehr Kinder auf, die dem Leistungsdruck nicht nur wegen der immer früheren Einschulung nicht mehr standhalten und schon in der ersten Klasse Angst haben, sich durch schlechte Leistungen ihren Weg in eine weiterführende Schule zu verbauen.

Natürlich sind diese Ängste eigentlich die Ängste der Eltern, aber die Kinder müssen mit ihnen leben. Und, mit fünf Jahren eingeschult, mit 17 das Abitur in der Tasche, werden sie im Turbotempo, Bachelor und Master sei Dank, ihr Studium abschließen, um, ohne jemals den geraden Weg verlassen zu haben, dem Arbeitsmarkt zur Verfügung stehen. Und dann wollen wir, dass diese Turbokinder auch noch, am besten alle, ein Instrument lernen. Wann sollen sie das denn noch machen? Wenn ein Instrument spielen können nicht nur eine weitere Zusatzqualifikation sein soll, weil Musik die Synapsen im Gehirn auf wunderbare Weise so ordnen soll, dass noch mehr und noch schneller der allgemeine Schulstoff hineinpasst, brauchen die Kinder Muße. Freie Zeit, auch Nichtstun, gehört zur Persönlichkeitsbildung ebenso dazu, wie die Beschäftigung mit Lernstoff und auch mit der Kunst. Ein Instrument zu erlernen, Musik zu erfühlen, Kunst zu machen, braucht viel Zeit.

Hören wir auf, unsere Kinder immer mehr zu überfordern. »Jedem Kind ein Instrument« ist eine wunderbare Idee, wenn damit die Lust auf Musik, die Lust auf die eigene Kreativität gefördert wird. Die Forderung »Jedem Kind ein Instrument« kann, sollte nicht gleichzeitig eine Rücknahme des Leistungsdrucks in der Schule eingefordert werden, aber auch eine weitere Zumutung für überforderte Jugendliche und ihre Eltern sein.

Nörgeln

1. Januar 2008

»Dass dieses Lob auch noch vom immer nörgelnden Deutschen Kulturrat kommt. Das ist doch ein wahrer Ritterschlag«, sagte die CDU-Bundestagsabgeordnete Monika Grütters bei der Haushaltsberatung Ende November 2007 im Deutschen Bundestag. Und der Haushaltspolitische Sprecher der Union Steffen Kampeter fiel ihr ins Wort: »Immer nörgelnd! Das ist wohl zutreffend!«

Da hatten wir mal wieder unser Fett weg. Nicht zum ersten Mal. Steffen Kampeter hat das Nörgeln des Deutschen Kulturrates ja bekanntlich sogar schon so geärgert, dass er vor einem Jahr kurzerhand vom Deutschen Bundestag ein Faxverbot für den Kulturrat beschließen ließ.

Natürlich hat der Deutsche Kulturrat auch im Verbotsjahr 2007 fleißig gefaxt, gemailt, telefoniert und in jeder anderen bekannten Art kommuniziert. Als Spitzenverband der Bundeskulturverbände ist es seine Aufgabe zu mahnen, zu warnen und natürlich auch zu loben, Vorschläge zu machen, zu bewerten und manchmal auch zu verwerfen, immer aber heftig mitzudiskutieren. Dass sich aber gerade Kulturpolitiker manchmal erstaunlich schwer tun mit dieser eigentlich selbstverständlichen Arbeit einer Organisation der Zivilgesellschaft, ist schon ein Phänomen.

Wenn Umweltverbände kritisieren, Sozialverbände monieren, wenn Sportverbände debattieren, erkennen die Fachpolitiker die Notwendigkeit der Beobachtung und Beteiligung aus der Zivilgesellschaft in der Regel an. Wenn Kulturverbände dasselbe tun, fühlen sich Kulturpolitiker schnell angenörgelt. Doch zur Gewaltenteilung in unserer Demokratie gehört eben dazu, dass die Regierung vom Parlament und beide von einer freien Presse und den Organisationen der Zivilgesellschaft kontrolliert werden. Und das gilt natürlich auch für das immer noch zarte Pflänzchen der Bundeskulturpolitik.

Der Deutsche Bundestag hat für das Jahr 2008 nicht noch einmal ein Faxverbot über den Deutschen Kulturrat verhängt. Vielleicht ist das ein erstes Zeichen dafür, dass auch im Kulturbereich Nörgeln in der Zukunft nicht mehr als Majestätsbeleidigung gewertet wird, das mit Faxverbot nicht unter einem Jahr bestraft wird. In diesem Sinne wünsche ich Ihnen ein gutes Jahr 2008.

Frischzellenkur

1. März 2008

Es gibt im Kultur- und Bildungsbereich in Deutschland ein fast heiliges Dogma, den Föderalismus: Die 16 Kultur- und Kultusbürokratien der Länder sind da, waren gewissermaßen schon immer da, das gilt zuallererst für die Kultusministerkonferenz, die bereits vor der Gründung der Bundesrepublik 1948 ins Leben gerufen wurde, und werden immer da sein – das behaupten zumindest die Länder fast gebetsmühlengleich bei jeder sich bietenden Gelegenheit!

Deshalb müssen sie sich selbstverständlich nicht rechtfertigen, wenn sie mal »Mist« gebaut haben, wie bei dem – natürlich in jedem Bundesland nach eigenen Gutdünken – eingeführten oder vor der Einführung stehenden Abitur in acht Jahren (G8).

Wieso war es nicht möglich, dass das G8 in Deutschland von allen Bundesländern unter denselben Bedingungen am selben Stichtag eingeführt wurde, um die von der Politik in Sonntagsreden beschworene Mobilität von Familien mit schulpflichtigen Kindern nicht schon an der ersten Landesgrenze scheitern zu lassen? Weshalb war es nicht möglich, vor der Einführung von G8 die Lehrpläne deutlich zu entschlacken, um einer Überforderung der Schülerinnen und Schüler entgegen zu wirken, und warum wurden viel zu wenige Mensen gebaut, um den Schülerinnen und Schülern, die wegen G8 immer öfter bis in den späten Nachmittag Unterricht haben, obwohl ihre Schule keine Ganztagesschule ist, zumindest eine warme Mahlzeit anbieten zu können?

Im Kulturbereich wird bei der kleinsten Kritik am Kultur- und Bildungsföderalismus reflexartig auf die große Anzahl von Kultureinrichtungen verwiesen, die nur dank der Kleinstaaterei – jeder Fürst brauchte seine eigenen Museen und Theater – entstanden sind. Das ist so richtig wie es ein Stück Vergangenheit ist, die in einem immer stärker zusammenwachsenden Europa und in einer globalisierten Welt neu eingeordnet werden muss. Föderalismus ist in Wirklichkeit viel mehr als die heute immer noch praktizierte Kleinstaaterei. Föderalismus ist ein sehr sinnvolles Organisationsprinzip, bei dem die einzelnen Glieder über eine gewisse Eigenständigkeit verfügen, aber zu einer übergreifenden Gesamtheit zusammengeschlossen sind. Diese Verantwortung für das Wohl des Gesamtstaates kann man in der Kultur- und Bildungspolitik der Länder, siehe das Beispiel G8, nicht immer erkennen.

Über den Föderalismus in Deutschland wird viel zu wenig gestritten. Wir brauchen mehr Kritiker, die offen die Systemfrage in der Kultur- und Bildungspolitik stellen, damit die Länder gezwungen werden zu erläutern, wie sie sich die Zukunft der föderalen Kultur- und Bildungspolitik in Deutschland vorstellen. Nicht die Ketzer sägen am föderalen Stamm, sondern die selbst ernannten Glaubenswächter verhindern eine Frischzellenkultur und lassen den Föderalismus so langsam aber sicher absterben. Das sollten wir gemeinsam verhindern, denn noch hat der Föderalismus eine Zukunft.

Agendasetzung

1. Mai 2009

Sie sind keine Interessenverbände, keine Initiativen, sie haben keine Mission, keine Botschaft, sie sind Dienstleister für Ministerien, Parteien und auch für Verbände. Sie bieten »Public Issues«, »Corporate Communication«, »Change«, »Crisis«, »Corporate Social Responsibility«, »Government Relations«, »Reputation Management«, »Campaigning«, »Change Communication« und natürlich »Agenda Setting«. Sie sind politische Berater und Dienstleister! Und sie gewinnen immer mehr an Bedeutung.

Natürlich kann man sich amüsieren über das fast manische Bedürfnis, die eigene Bedeutung durch besonders viele englische Begriffe heben zu wollen und auch die Berufsbezeichnungen mancher dieser politischen Berater, ob nun Senior Berater, CEO oder mindestens Director, künden nicht gerade von Bescheidenheit. Aber die Politik findet diese Dienstleister in zunehmendem Maße einfach nur toll.

Diese politischen Berater und Dienstleister liefern etwas, was wir Interessenverbände nicht bieten können. Externe Beratung ohne jedes Meckern und Maulen wenn die Beratung nicht angenommen wird. Vollkommen »interessenfrei«, außer natürlich den eigenen legitimen ökonomischen Interessen, sind sie die idealen Partner für den politischen Apparat. Der Siegeszug der politischen Berater und Dienstleister begann in Brüssel, wo Agenturen schon immer ein deutliches Gegengewicht zu den klassischen Interessenverbänden bilden. Jetzt erreichen sie, in zunehmendem Maße, auch die deutschen politischen Strukturen.

Neben diesen Dienstleistern ohne Mission gibt es schon seit längerer Zeit eine Reihe von Stiftungen, wie zum Beispiel die Bertelsmann Stiftung, die missionieren, ohne ein klassischer Interessenverband zu sein und gegenüber der Politik erfolgreich den Eindruck vermitteln, wie ein reiner Dienstleister »interessenfrei« und zusätzlich nur dem Gemeinwohl verpflichtet zu sein.

Die Interessenverbände müssen sich dieser Konkurrenz endlich offensiv stellen. Interessen zu haben, ist kein Makel, sondern in einer Demokratie die Voraussetzung für politisches Gestalten. Und gerade die Interessen der Kulturverbände zeichnen sich durch ihre Gemeinwohlverträglichkeit aus. Agendasetzung, also das Setzen von Themenschwerpunkten und Einschätzungen in der öffentlichen Debatte, ist und bleibt ein Aufgabengebiet von Interessenverbänden. Wir sollten die Agendasetzung nicht kampflos den kommerziellen Dienstleistern überlassen.

Uneinigkeit

1. Juli 2008

Interessen gemeinsam wahrzunehmen, ist schon immer ein schweres Unterfangen gewesen. Deshalb ist der Deutsche Kulturrat mit seinen acht künstlerischen Sektionen und diese wiederum mit ihren mehr als 200 Mitgliedern, Bundesverbänden der Künstler, der Kulturwirtschaft, der Laien und der Kultureinrichtungen, ein kompliziertes Gebilde. Forderungen gemeinsam aufzustellen und nach einem Beschluss solidarisch zu vertreten, ist das Ziel der Arbeit im Deutschen Kulturrat. Und dieses Ziel wurde in den letzten zehn Jahren, oft nach langen Verhandlungen und Abstimmungen, fast immer erreicht. Selbst bei einem so strittigen Thema wie der Künstlersozialversicherung, bei der ein Teil unserer Mitglieder die unmittelbaren Nutznießer, nämlich die Künstler, und ein anderer Teil die Abgabepflichtigen, nämlich die Kulturwirtschaft, vertritt, ist es im gemeinsamen Interesse immer gelungen, zu einem tragfähigen Kompromiss zu kommen.

Vielleicht ist es deshalb für viele überraschend gewesen, als bei der Pressekonferenz zum 12. Rundfunkänderungsstaatsvertrag des Deutschen Gewerkschaftsbundes, des Verbraucherzentrale Bundesverbandes und des Deutschen Kulturrates am 10. Juni ein Mitglied der Sektion Film und Medien, die Arbeitsgemeinschaft Dokumentarfilm, öffentlich protestiert hat. Der Deutsche Kulturrat, der DGB und der Verbraucherzentrale Bundesverband forderten auf der Pressekonferenz die Länder auf, den Bestand und die Entwicklungsfähigkeit des öffentlich-rechtlichen Rundfunks durch den 12. Rundfunkänderungsstaatsvertrag nicht zu beschneiden.

Die AG Dokumentarfilm protestierte dagegen heftig. Die Dokumentarfilmer fühlen sich von den öffentlich-rechtlichen Rundfunkanstalten nicht angemessen entlohnt und ihr Verband findet es deshalb nur folgerichtig, wenn quasi als Strafe dem öffentlichrechtlichen Rundfunk eine Entwicklungsmöglichkeit im Internet versagt wird. In der Stellungnahme des Deutschen Kulturrates zum 12. Rundfunkänderungsstaatsvertrag wurde die Forderung nach einer angemessenen Vergütung explizit aufgenommen. Es heißt hier: »Eine öffentliche Zugänglichmachung kann allerdings nur bei einer angemessenen Vergütung der Urheber und Leistungsschutzberechtigten sowie unter Wahrung des Urheberpersönlichkeitsrechts erfolgen.« Man muss sich deshalb schon fragen, warum die Arbeitsgemeinschaft Dokumentarfilm dem Deutschen Kulturrat unterstellt, zu behaupten, dass die Film- und Fernsehproduktionen der öffentlich-rechtlichen Sender angemessen bezahlt seien und deshalb entsprechend verwertet werden könnten. Der öffentlich-rechtliche Rundfunk darf, davon bin ich fest überzeugt, von dem Verbreitungsweg Internet nicht abgeschnitten werden, er wird ansonsten mittelfristig im Abseits landen mit fatalen Auswirkungen auf den gesamten Kulturbereich in Deutschland. Aber auch das Internet darf vom öffentlich-rechtlichen Rundfunk nicht isoliert werden. Es geht im Internet nämlich nicht nur um die Vielfalt der angebotenen Informationen, sondern auch um deren Qualität. Ein Garant für diese Qualität ist der öffentlich-rechtliche Rundfunk.

Der Deutsche Kulturrat ist keine Tarifpartei, er darf keine Tarifverhandlungen führen. Dies ist die Aufgabe der Gewerkschaften und Arbeitgeberorganisationen, wie z.B. der Arbeitsgemeinschaft Dokumentarfilm. In der gerade erschienenen Information 23 der Verwertungsgesellschaft Bild-Kunst, deren Verwaltungsrat zwei Vorstandsmitglieder der Arbeitsgemeinschaft Dokumentarfilm angehören, wird deutlich beklagt, dass das seit 2002 in Kraft befindliche Urhebervertragsrecht, das eine angemessene Vergütung der Künstler sicherstellen soll, bislang ein stumpfes Schwert geblieben ist. In dem Text heißt es: »Der Fairness halber muss aber hinzugefügt werden, dass auch das Auftreten der Urheber bestimmter Branchen und ihre Uneinigkeit bei der Formulierung ihrer Forderungen es der Gegenseite leicht gemacht haben, die Verhandlungen zu verzögern bzw. sich dem Abschluss von Vereinbarungen zu entziehen.« Dem ist nichts hinzuzufügen!

Disputationen

1. September 2008

Martin Luther – Ein Name wie Donnerhall! Geht es nicht auch weniger pathetisch? Nein, wohl nicht, wenn es um Martin Luther geht. Martin Luther war nicht nur der große Reformator, der Ketzer gegen Rom, der wortgewaltige Kanzelredner, der geniale Bibelübersetzer, der Tabubrecher, der als Mönch heiratete, der Mann, der eine Bewegung beflügelte, die frischen Wind nicht nur durch Deutschland blies, der das Christentum modernisierte, sagen die einen, spaltete, sagen die anderen, der aber unbestritten einen wichtigen Beitrag zur Demokratisierung Deutschlands leistete. Der Kultur, Gesellschaft und Politik nachhaltig prägte.

Martin Luther war der erste Medienstar seiner Zeit. Der Buchdruck hat seine Schriften massenhaft verbreitet, die Malerfamilie Cranach hat sein Konterfei massentauglich für die Nachwelt festgehalten. Luther ist die am häufigsten von Künstlern porträtierte Persönlichkeit der deutschen Geschichte.

In regelmäßigen Abständen boten die Luther- und Reformationsjubiläen Anlass, das Lutherbild den jeweils vorherrschenden politischen und kulturellen Gemengelagen anzupassen. Zum letzten Mal wurde 1983 der 500. Geburtstag des Reformators, noch im geteilten Deutschland, gefeiert. Erich Honecker übernahm damals selbst den Vorsitz des staatlichen Lutherkomitees in der DDR und in der Bundesrepublik initiierte der rheinland-pfälzische Ministerpräsident Bernhard Vogel im Bundesrat die offizielle bundesrepublikanische Lutherehrung. Bürgerrechts- und Friedensgruppen in der DDR nutzten das Jubiläum, um in Form von Thesen ihren Protest zu artikulieren.

Im Jahr 2017 ist es mal wieder soweit. Zum 500sten Mal jährt sich der Thesenanschlag Martin Luthers an die Stadtkirche in Wittenberg, der, sollten jüngste Forschungen recht haben, wirklich, wie immer behauptet und regelmäßig bestritten, stattgefunden hat. Bereits jetzt beginnen die Vorbereitungen für dieses runde und schon allein deshalb außergewöhnliche Jubiläum. Politik & Kultur hat sich entschlossen, sich in diese Diskussion um das Lutherbild im 21. Jahrhundert einzumischen.

Am 21. September wird in Vorbereitung auf das Jubiläum 2017 die Lutherdekade eröffnet. Ich hoffe sehr, dass dies der Startschuss für spannende und kontroverse Diskussion zum Lutherbild gerade auch im Kulturbereich sein wird. Die Disputationen aus der Lutherzeit sind legendär und können auch für uns heute noch stilbildend sein.

Märchenstunde

1. November 2008

Es war einmal in einem Land, in dem viele Jahre große Armut herrschte. Die Staatskasse war leer, die armen Untertanen mussten darben und für kulturellen Glanz war immer öfter kein Geld mehr vorhanden. Die Herrscherin dieses Landes wurde nicht müde immer wieder und wieder darauf hinzuweisen, dass alle Untertanen den Gürtel enger schnallen müssen, dass die Zeiten des Füllhorns endgültig und unwiderruflich vorbei seien. Die Untertanen fügten sich in ihr Schicksal.

Doch die Untertanen waren pfiffig. Immer mehr von ihnen engagierten sich für die Ehre und selbstverständlich unentgeltlich. Kunst und Kultur blühten weiter, manchmal war es zwar kein opulenter Strauß mehr, aber immerhin blieb ein schönes Gänseblümchen. Die Obrigkeit hatte sich ausgebeten, nicht mehr länger um Geld für Kultur angebettelt zu werden. Also suchten die Untertanen Edelleute, die ihre private Schatulle öffnen mögen. Die Untertanen mühten sich ab, aber es war ein hartes Brot.

Doch dann eines Tages: unter den Geldverleihern des Königreiches brach das große Wehklagen aus. Viele von ihnen hatten sich verzockt und jahrelang auf zu großem Fuß gelebt. Zuerst klopften sie bei ihren Kollegen um Almosen an, umsonst. Jetzt standen sie vor der Königin und weinten bitterlich. Und die Königin hatte ein weiches Herz und erhörte ihr Flehen umgehend. Sie ging in ihre Schatzkammer und fand, oh Wunder, eine unglaublich große Menge an Gold und Edelsteinen und gab den armen Geldverleihern reichlich.

Die Untertanen waren zuerst sprachlos, dann wütend. Sie klopften an das Schlosstor und baten ebenfalls um Almosen, nicht für sich, sondern für Kunst und Kultur. Doch die Königin weinte bitterlich. Nichts, gar nichts sei übrig geblieben von ihrem herrlichen, heimlichen Schatz. Sie selbst müsse fast Hunger leiden. Die Untertanen müssten den Gürtel jetzt noch enger schnallen, damit wenigsten sie noch ihr standesgemäßes Auskommen hätte.

Da wurden die Untertanen wütend, warfen die Königin ins dunkelste Verließ des Königreiches und schworen sich hoch und heilig, nie wieder an das Märchen von den leeren Staatskassen zu glauben. Und wenn sie nicht gestorben sind, dann leben sie noch heute …

Visionen

1. Januar 2009

Die Kulturpolitik geht im Deutschen Bundestag immer öfter unter. Die zweite und dritte Lesung des Bundeshaushaltes vor wenigen Wochen, die traditionell zur politischen Positionsbestimmung genutzt wird, hat dies deutlich gezeigt. Die Generaldebatte zum Etat des Bundeskanzleramtes, zu dem auch der Etat des Kulturstaatsministers gehört, muss eigentlich auch der Ort kulturpolitischer Debatten sein. Doch wie schon in der ersten Lesung des Bundeshaushaltes ging auch in der zweiten und dritten Lesung der Kulturstaatsminister nicht ans Rednerpult. Die Zeit war wohl zu knapp, denn die Bundeskanzlerin musste ihr Konzept zur Rettung der Finanz- und Wirtschaftskrise erläutern. Sie, die formal die oberste Kulturpolitikerin Deutschlands ist, hat zurzeit viel Ärger am Hals und deshalb verständlicherweise den Kopf nicht frei für Fragen der nationalen Kulturpolitik. Doch wo ist dann der Kulturstaatsminister?

Wegen seines Etats, das ist richtig, hätte der Kulturstaatsminister im Parlament nicht Rede und Antwort stehen müssen. Sein Etat wächst im Jahr 2009 noch einmal um 25 Millionen Euro gegenüber dem Jahr 2008. Er beträgt insgesamt 1.150 Millionen Euro. In dieser Legislaturperiode ist der Etat des Kulturstaatsministers um stolze 20 Prozent gestiegen. Diese beeindruckende Entwicklung wird selbst von der Opposition im Deutschen Bundestag uneingeschränkt begrüßt. Was fehlt, ist nicht das Geld, sondern die Ideen. Was will der Kulturstaatsminister in diesem Jahr, bis zur Bundestagswahl, noch machen? Ändert die Finanz- und Wirtschaftskrise die kulturpolitische Ausrichtung der Bundesregierung? Wie soll es mittelfristig weitergehen? Antworten auf solche Fragen gehören in die Haushaltsdebatte des Bundestages.

Doch über Kulturpolitik wurde 2008 im Deutschen Bundestag generell erstaunlich wenig diskutiert. Im Dezember 2007 hatte die Enquete-Kommission »Kultur in Deutschland« des Deutschen Bundestages ihren Bericht vorgelegt. Eigentlich eine Steilvorlage, um intensiv über Kulturpolitik beraten zu können. Aber weder im Bundestagsausschuss für Kultur und Medien noch im Hohen Haus selbst war die Frage nach der Zukunft der Kulturpolitik ein sichtbares Thema.

Nun soll man zuerst immer vor der eigenen Haustüre kehren, bevor man sich zu intensiv über den Dreck beim Nachbarn aufregt. Und auch der Deutsche Kulturrat tut sich schwer mit kulturpolitischen Visionen. Zwar wurde im letzten Jahr weiter heftig und, wie ich finde erfolgreich, über »Kultur und Kirche«, »Computerspiele als Kulturgut« und den »Kulturauftrag des öffentlich-rechtlichen Rundfunks« gestritten. Eine grundsätzliche Debatte zur Kulturpolitik blieb aber auch bei uns aus. Besonders die drängende Frage, wie Künstler und die Kulturwirtschaft in der digitalen Welt ökonomisch erfolgreich sein können, muss endlich ohne Tabus diskutiert werden.

Der Deutsche Kulturrat hat deshalb beschlossen, das Thema Digitalisierung der Medien zum Schwerpunktthema seiner Arbeit für 2009 zu machen. Ich hoffe sehr, wir werden der Forderung nach mehr Visionen in der Kulturpolitik selbst gerecht werden.

Nerverei

1. März 2009

Der Föderalismus in Deutschland ist für die Kultur ein Segen, denn ohne ihn hätten wir nie und nimmer eine solche Vielzahl von Kultureinrichtungen, nicht nur in den Metropolen, sondern dicht übers ganze Land verstreut. Der Föderalismus in Deutschland ist ein Fluch, weil die Verantwortlichen nicht bereit sind, die notwendigen Maßnahmen zu treffen, damit Deutschland in seiner kulturellen Entwicklung in der globalisierten Welt und dem vereinten Europa keinen Schaden nimmt.

Mit welcher Verve haben die Länder bei der Föderalismusreform I darum gekämpft, dass sie die alleinige Zuständigkeit für die europäische Kulturpolitik erhalten. Und jetzt: Wo machen die Länder für Deutschland auf der europäischen Ebene eine abgestimmte Kulturpolitik? Bislang kann man noch nicht einmal den Ansatz einer gemeinsamen Kulturpolitik der Länder erkennen. Und die Europäische Kommission nutzt die deutsche Schwäche und schafft mit dem gerade neu geschaffenen Instrumentarium der »Offenen Koordinierung« Fakten.

Wo waren die Kulturpolitiker der Länder, als im letzten Jahr der baden-württembergische Wirtschaftsminister kurzerhand vom Bundesrat die Abschaffung der Künstlersozialkasse beschließen lassen wollte? Offensichtlich hatte es niemand in den mitbeteiligten Staatskanzleien der Länder für notwendig gehalten, die eigenen Kulturpolitiker vorher einzubinden. Natürlich haben die Kulturminister, nachdem die Aktion bekannt wurde, protestiert. Aber ist es denn richtig, dass die Kulturpolitiker der Länder erst vom Deutschen Kulturrat erfahren mussten, dass gerade die wichtigste nationale Einrichtung zur sozialen Absicherung der Künstler von den Ländern geschliffen werden soll?

Schleswig-Holstein, Nordrhein-Westfalen, Bremen und Berlin haben die Missachtung der Kulturpolitik mit der Abschaffung des Kulturministers auf die Spitze getrieben. Da ist es ein schwacher Trost, dass zumindest in Berlin erkannt wurde, dass diese strukturelle Missachtung kontraproduktiv ist und in der nächsten Legislaturperiode rückgängig gemacht werden soll. Bleiben wird das Gefühl, dass Kulturpolitik von Ministerpräsidenten und Regierenden Bürgermeistern so nebenbei mitgemacht werden kann.

Ich gebe zu, der Kulturföderalismus nervt mich zusehends. Nicht wegen seiner von der Verfassung eindeutig vorgeschriebenen Existenz, sondern wegen seiner fehlenden Effizienz. Wer den Kulturföderalismus in Deutschland dauerhaft erhalten will, und ich will es, der muss endlich die kulturpolitischen Abstimmungen der Länder untereinander professionalisieren. Der muss sicherstellen, dass in den Länderkabinetten starke Kulturminister arbeiten, die innerhalb und außerhalb der Landesgrenzen bereit sind, Verantwortung zu übernehmen. Die Finanzkrise, auf deren Fuß zwangsläufig eine Krise der Öffentlichen Haushalte folgen wird, ist eine Bewährungsprobe für den Kulturföderalismus in Deutschland. Nur mit abgestimmten Konzepten zwischen den Ländern und dem Bund wird es möglich sein, die Gefahren für die Kulturhaushalte zu begrenzen.

Spielsucht

1. Mai 2009

In den letzten Monaten hat die Debatte über Spielsucht wieder hohe Wellen geschlagen. Unsere Kinder flüchten aus der Realität, um in World of Warcraft oder anderen Rollenspielen im Netz in eine virtuelle Welt zu versinken. Und wir echauffieren uns mal wieder über die Verderbtheit der Jugend, statt Vorbilder zu sein.

Virtuelle Welten sind uns nämlich selbst sehr vertraut oder was ist das größte weltweite Computerspiel, die Börse, denn anderes? Hier haben viele von uns gezockt, auf steigende oder fallende Kurse gesetzt, gekauft, verkauft. Oft in einer Besessenheit, einem Wahn, der einem spielsüchtigen jugendlichen »World of Warcraft«-Spieler in nichts nachsteht. Haben die vielen kleinen Aktienjongleure unter uns denn wirklich geglaubt, dass es sich um die reale Wirtschaft handeln würde? Sie besitzen Aktien, schämen Sie sich. Sie wollten ohne Arbeit und Mühe Geld verdienen, Sie wollten in einer Spielewelt der Held sein, dessen Regeln Sie nicht einmal verstehen.

Aber selbst wir Nichtaktienbesitzer können die reale Welt immer öfter nicht von der virtuellen trennen. Da schrecken uns Klimasimulationen auf, obwohl das Computerprogramm mit so vielen Unbekannten rechnet, dass das Ergebnis nach Adam Riese falsch sein muss. Da glauben wir Wahl-, Konsum- und was denn noch immer für Prognosen, obwohl der gesunde Menschenverstand uns sagen müsste, dass ein virtuelles Computerprogramm die Vielfalt der Meinungen, Vorlieben und Abneigungen in der realen Welt zum Glück nicht abbilden kann.

Der Unterschied zu den Traumwelten der Literatur, des Theaters, des Films, in die wir schon immer gerne versunken sind, ist, dass die neuen virtuellen Welten betreten werden, als wären sie real. Wir glauben jeden Mist, den uns ein Computer vorrechnet. Wir spielen das große Börsenspiel nicht mit Spielgeld, sondern mit dem hart erarbeiteten Notgroschen fürs Alter. Wahnsinn.

Sind wir doch ehrlich, wir sind pathologisch spielsüchtig. Wir haben durch unsere krankhafte Realitätsflucht gerade eine der größten Wirtschaftskrisen seit Menschengedenken ausgelöst. Man kann nur hoffen, dass die schmerzhaften Auswirkungen der Wirtschaftskrise wenigstens zu unserer Heilung beitragen werden.

Zukunftswillen

1. Juli 2009

Das Internet wird die Lebensader der Kulturmärkte werden. Der Musikfile wird den Massenmarkt der Musik-CDs ersetzen, das E-Book wird den Massenmarkt des gedruckten Buches ersetzen, Filme werden im Massenmarkt on demand empfangen werden und Computerspiele werden im Massenmarkt als Browser-Games oder ähnliches geladen. Das gedruckte schöne Buch, die CD und die nostalgisch knisternde Schallplatte, die Film-CD und vieles andere Ausgefallene mehr wird es auch weiterhin für die Liebhaber im Internet oder in kleinen Spezialgeschäften zu kaufen geben. Die Masse der Nutzer aber wird ihre Kultur online als immer verfügbare digitale Konserve oder aber als Lifeact erleben wollen.

Die Trennung der Hardware, hier Fernseher, dort Computer, hier Stereoanlage, dort Spielkonsole, wird verschwinden. Mein Handy kann schon jetzt mehr als alle meine heimischen Unterhaltungsgeräte zusammen. Die Kulturindustrie wird den Kulturnutzern auf diesem Weg folgen oder untergehen.

Natürlich ist es richtig, die alten Strukturen so lange ökonomisch zu nutzen wie es geht. Nach dem Ende der Schallplatte kam der Siegeszug der CD. Das Geld fiel einige Zeit fast wie vom Himmel. Jetzt verschwindet die CD und Musik wird bald fast nur noch online gehandelt werden. Schade um die Schallplattenläden, die schon vor Jahren gestorben sind und schade um die CD-Läden, die gerade sterben. Viele Buchhandlungen werden zugrunde gehen! Werden auch die Musikunternehmen und die Verlage sterben?

Die Künstler werden überleben und sie werden autonomer. Wer konnte schon eine eigene Schallplatte produzieren und distribuieren? Bei der CD ist die Kleinauflage am heimischen PC brennbar. Und immer öfter wird das Internet zu Produktionsstelle, Werbeplattform und Handelsort. Die Musikunternehmen und die Verlage werden ihre Geschäftsaktivitäten erweitern. Künstler- und Kundenbetreuung, PR und Marketing, Produktentwicklung, Entwicklung des Onlinemarkts, des Hardwaremarkts und des Lifemarkts und der Rechtehandel werden einige der Aufgabenfelder sein.

Ob in dieser neuen Zeit die Künstler und die Kulturwirtschaft ihr dauerhaftes Auskommen haben werden, wird zu einem großen Teil auch an der Entwicklung eines zeitgemäßen Urheberrechtes liegen. Unser Urheberrecht ist ein Recht der Vor-Internet-Ära, jetzt in der Zeit des Übergangs zeigen sich schon deutlich seine Schwächen, wenn es um die Rechtewahrung im Internet geht. In der Zukunft wird das Urheberrecht in seiner jetzigen Verfassung keine ausreichende Antwort auf die Anforderungen der digitalen Kulturverwertung geben.

Seit der Jahrtausendwende wird das Urheberrecht mehr oder weniger erfolgreich für die neue Zeit hingebogen. Korb I und Korb II waren solche eher kosmetischen, zum größten Teil von der Europäischen Kommission erzwungenen Anpassungen. Das Urhebervertragsrecht war eine mindestens 20 Jahre zu spät kommende Reform, die in ihrer Kleinmütigkeit letztlich vollständig gescheitert ist. Der für die nächste Legislaturperiode langsam Gestalt annehmende Korb III verspricht nicht mehr Zukunftswillen.

Um die wirtschaftliche Zukunft gestalten zu können, brauchen die Künstler und die Kulturwirtschaft aber mehr urheberrechtliche Visionen. Das Urheberrecht steht vor einer tiefer greifenden Reform, das mögen die alten Kämpen bedauern und einige auch fürchten. Die große Reform des Urheberrechtes wird aber trotzdem kommen, weil ohne sie die Kulturmärkte nicht überleben werden.

Ungehorsam

1. September 2009

Vor zehn Jahren ist der Deutsche Kulturrat, zeitgleich mit dem Deutschen Bundestag und der Bundesregierung, von Bonn nach Berlin gezogen. Der Umzug nach Berlin war damals nicht einfach. Der erste Kulturstaatsminister der Bundesrepublik, Michael Naumann, ließ nichts unversucht, um uns, gegen unseren Willen und wohl auch gegen seine eigene Überzeugung, am Rhein zu halten. Den Höhepunkt der Auseinandersetzung markierte seine Anweisung an seine Verwaltung, dafür zu sorgen, dass der Deutsche Kulturrat keine Haushaltsmittel des Bundes für den Sitz Berlin ausgibt. Besonders in den in Bonn verbleibenden Bundesministerien war die Angst offensichtlich groß, dass durch den Umzug des Deutschen Kulturrates die »Rutschbahn« nach Berlin verstärkt würde und der ein oder andere Häuslebesitzer in Godesberg mitreisen könnte. Aber auch einige Kulturverbände in Bonn haben den Umzug des Deutschen Kulturrates in die Bundeshauptstadt mit Argusaugen verfolgt.

Möglich wurde der Umzug dann doch, weil die DEFA-Stiftung uns in der Burgstraße direkt gegenüber der Museumsinsel nicht nur einen Raum kostenlos zur Verfügung stellte, sondern auch Möbel und ein Telefon leihweise überließ. Nach einigen Monaten wurde dann die Anweisung von Michael Naumann wegen sichtbarer Erfolglosigkeit fallen gelassen. Natürlich musste der Deutsche Kulturrat für diese »Ungehorsamkeit« später doch noch einen schmerzlichen Tribut bezahlen. Auf Druck der Behörde des Kulturstaatsministers wurde die Geschäftsführung des Informationsbüros für die Europäischen Kulturförderprogramme (CCP) vom Deutschen Kulturrat auf die in Bonn verbliebene Kulturpolitische Gesellschaft übertragen.

Trotzdem war der Umzug nach Berlin für den Deutschen Kulturrat nicht nur erfolgreich, sondern letztlich ohne Alternative. Als Spitzenverband der Bundeskulturverbände muss der Kulturrat nahe beim Parlament und der Regierung sein. Nur hier in Berlin kann er seine Aufgabe, den Interessen der Kultur eine deutlich hörbare Stimme zu geben, erfolgreich wahrnehmen.

Die Berliner Republik ist mit der Bonner Zeit nicht vergleichbar. Politik wird an der Spree anders gemacht als am Rhein. Die Entscheidungen sind schneller geworden, die Politik und auch die Verbände werden viel stärker von den Medien bei ihrer Arbeit beobachtet. Die Zeiten der vertraulichen kleinen Kulturnischen sind vorbei.

Mit dem kurz vor dem Bonn-Berlin-Umzug geschaffenen neuen Amt des Kulturstaatsministers der Bundesregierung und des zu dessen Kontrolle gegründeten Ausschusses für Kultur und Medien des Bundestages wurde eine neue Ära der deutschen Kulturpolitik eingeläutet. Heute beschäftigen sich in Berlin ungleich mehr Menschen im Parlament, in der Regierung, den Verbänden und den Medien professionell mit Kulturpolitik als man in den Bonner Tagen auch nur zu träumen wagte. Der Deutsche Kulturrat gehört seit zehn Jahren in Berlin dazu.

Entfremdung

1. November 2009

Die Schlachten sind geschlagen. Die neue Bundesregierung ist gewählt. Die Wahlsieger stehen fest. Nur eine Partei hat auf der ganzen Linie verloren, die SPD. Sie hat nicht nur dramatische Stimmenverluste hinnehmen müssen, sie hat auch ihre Regierungsbeteiligung eingebüßt.

Im Willy-Brandt-Haus wird hoffentlich eine tiefgehende Analyse angestellt werden, wie es dazu kommen konnte. Ich könnte den Parteistrategen eine, wenn auch durch die Kulturratsbrille gesehene Begründung für diese Wahlschlappe liefern.

12 Jahre ist es her, als der Deutsche Kulturrat deutlich und unüberhörbar eine Stärkung der Bundeskulturpolitik sowie die Einsetzung eines Bundeskulturministers forderte. Gerhard Schröder, damals Kanzlerkandidat der SPD, nahm den Vorschlag auf und berief im Sommer 1998 Michael Naumann in sein Wahlkampfteam. Der erste und bislang einzige Kulturwahlkampf auf der Bundesebene in der Geschichte der Bundesrepublik war für die SPD erfolgreich.

Wenige Wochen später, die neue Bundesregierung war gewählt, Michael Naumann war der erste Kulturstaatsminister der Bundesrepublik, besuchte er den Sprecherrat des Deutschen Kulturrates damals noch in Bonn. Ich kann mich noch gut an seine launischen und verletzenden Einlassungen erinnern. In wenigen unzweideutigen Worten machte er uns klar, dass die Kulturverbände von gestern seien und seiner Ansicht nach nicht mehr gebraucht werden. Die Enttäuschung der Vertreter der Kulturverbände aus den verschiedenen künstlerischen Bereichen war riesengroß. Damals zerbrach eine gefühlte Nähe, die bis heute nicht wiedergekommen ist. Die SPD konnte damals vor Kraft fast nicht laufen, sie glaubte ohne Austausch mit den Gewerkschaften und den Verbänden der Zivilgesellschaft besser Politik machen zu können. Im letzten Jahrzehnt hat sich der vorparlamentarische Bereich immer deutlicher von der SPD entfremdet. Die SPD wurde immer autistischer, ihre Selbstbezüglichkeit fast pathologisch.

In der Kulturpolitik haben besonders die Union und die Liberalen das entstandene Vakuum genutzt. Der traditionell eher links ausgerichtete Kulturbereich brauchte einige Zeit, um die notwendige Offenheit zu erreichen, mit CDU und FDP unbefangen sprechen zu können. Heute sind die Vorbehalte längst gefallen. Künstler stehen, wenn sie sich überhaupt einer politischen Richtung verbunden fühlen, längst nicht mehr nur auf der Seite der Sozialdemokraten. Die SPD hat ihren Milieuvorteil nahezu vollständig eingebüßt.

Wenn jetzt nach dem großen Aufräumen in der SPD über eine Neuausrichtung gesprochen wird, kann man nur hoffen, dass die selbst gewählte Isolation aufgebrochen wird. Im Grundgesetz der Bundesrepublik steht, dass die Parteien an der Willensbildung des Volkes mitwirken. Es steht dort nicht, dass sie alleine dafür zuständig seien. Die organisierte Zivilgesellschaft ist ebenfalls an der Willensbildung beteiligt. Das muss die SPD endlich verstehen und danach handeln. Denn ohne die Hilfe von Freunden, auch aus dem Kulturbereich, wird sie so schnell das Tal der Tränen wohl nicht mehr verlassen.

Kooperationsverbot

1. Januar 2010

Bundesbildungsministerin Annette Schavan (CDU) will den Ländern weitere Gelder für den Bildungsbereich geben und diese dürfen die Gaben nicht annehmen. Es waren die Länder selbst, die in der Föderalismusreform I eine Grundgesetzänderung durchgesetzt haben, die es dem Bund verbietet, Investitionen im Bildungsbereich zu tätigen. Jetzt ist selbst der Bundesbildungsministerin, die äußerst länderfreundlich auftritt, der Geduldsfaden gerissen. Es sei falsch gewesen, sagte sie in der Wochenzeitung Die Zeit, die Zusammenarbeit zwischen Bund und Ländern in der Bildungspolitik zu verbieten.

Im neuen Artikel 104 b GG wurde im Jahr 2006 das sogenannte Kooperationsverbot geregelt, das klarstellt, dass der Bund künftig keine Finanzhilfen mehr geben darf, wenn die ausschließliche Gesetzgebungskompetenz der Länder betroffen ist. Dies gilt neben dem Bildungsbereich auch für die Kultur.

Der Deutsche Kulturrat hatte damals im Rahmen der parlamentarischen Anhörungen das Kooperationsverbot scharf kritisiert. Diese unglückselige Grundgesetzänderung muss nun auch dafür herhalten, dass der vom Deutschen Kulturrat geforderte »Nothilfefonds Kultur« von Kulturstaatsminister Bernd Neumann (CDU) aus verfassungsrechtlichen Gründen zunächst zurückgewiesen wurde.

Gerade jetzt, wo sich die ersten Auswirkungen der Wirtschaftskrise auf den Kulturbereich zeigen, wo landauf und landab die Hiobsbotschaften über Einsparungen besonders in den kommunalen Kulturetats sich häufen, darf der Bund nicht helfen?

Der Vorschlag des Deutschen Kulturrates für einen Fonds des Bundes für in Not geratene Kultureinrichtungen, kulturelle und künstlerische Initiativen in den Städten und Gemeinden soll nur in extremen Notfällen Hilfe leisten. Dabei muss natürlich gesichert sein, dass ein solcher Nothilfefonds keinen Verschiebebahnhof in den kommunalen Etats auslöst, sondern tatsächlich und vorübergehend die kommunale Kulturinfrastruktur unterstützt, um nachhaltigen Schaden von der Kultur abzuwenden. Die Kommunen müssten verbindlich versichern, dass sie nach der Bundeshilfe die Finanzierung wieder in eigener Regie weiterführen.

Angesichts der täglich neuen Schreckensnachrichten, die aus den Kommunen inzwischen eintreffen, müssen Bund und Länder noch einmal gemeinsam überlegen, wie der Kultur in den Kommunen geholfen werden kann. Solche mutigen Bund-Länder-Kooperationen sind in der Vergangenheit beispielsweise im Rahmen der Übergangsfinanzierung nach der deutschen Vereinigung oder auch beim Ganztagsschulprogramm möglich gewesen. Auch das von der Kulturstiftung des Bundes geförderte Projekt »Jedem Kind ein Instrument« stellt Bundesmittel für eine kommunale Aufgabe bereit. »Jedem Kind ein Instrument« ist auch deshalb ein gutes Beispiel für die positiven Wirkungen von Bundesmitteln, weil sich das Land NRW verpflichtet hat, nach Auslaufen der Bundesförderung in die Förderung verstärkt einzutreten.

Der Bund kann und darf meines Erachtens nach die kommunale und die Länderkulturfinanzierung nicht übernehmen. Er kann und sollte aber in besonderen Ausnahmefällen einspringen können. Gerade weil die Länder die Verantwortung für die Kulturfinanzierung haben, dürfen sie sich bei dieser Frage nicht aus ihrer Verantwortung herausstehlen. Wenn die Länder den Bund auffordern zu helfen, kann er es trotz Artikel 104b GG tun. Die Bundesbildungsministerin hat in »Die Zeit« auch noch gesagt, dass das sogenannte Kooperationsverbot ein Fehler war, den heute nur noch eine Handvoll Politiker wiederholen würden. Moderne föderale Systeme fördern vielmehr das gemeinsame Arbeiten von Kommunen, Ländern und der Bundesebene. Recht hat unsere Bundesbildungsministerin! Also, ihr Länder, zeigt, dass ihr stark seid und den Mut habt, einen Fehler zu korrigieren.

Elite

1. März 2010

Soll ich es wirklich tun, soll ich mich outen? Nein, ich bin nicht homosexuell, nein, ich gehöre nicht der Scientology-Kirche an. Viel schlimmer, ich bin Hauptschüler. 1976 wurde mir das Zeugnis der Berufsreife verliehen. Heute wäre das höchstwahrscheinlich das Ende meiner beruflichen Karriere. Hauptschule – Restschule – Loserschule!

Oh, was sind wir stolz darauf, die Zügel in den letzten Jahren immer straffer gezogen zu haben. Im Kindergarten beginnt das Lernen, die Grundschule wirft die Guten ins Töpfchen, die Schlechten ins Kröpfchen. Der menschliche Ausschuss wird schnell von den Leistungsträgern abgesondert. »Hilfe, mein Kind wird von einem Schwachen an seiner Karrierebildung gehindert!« Jetzt wird stramm getrennt marschiert. Die Schwachen werden bis zum Ende der Schulpflicht in der Restschule deponiert, die Starken werden ins Haifischbecken Turbogymnasium geworfen. Das Schlimme ist, dass beide Verlierer sind. Die vermeintlich Schwachen werden ihrer Berufschancen schon im Kindesalter beraubt, die vermeintlich Starken verlieren in ihrem dauerhaften Kampf um Noten und Vorteile ihre soziale Erdung. Es war die Bildungselite, die gerade Milliarden auf Kosten der Allgemeinheit verzockt hat und dabei so nebenbei eine Weltwirtschaftskrise auslöste, die nun von allen, besonders den Schwachen, ausgelöffelt werden muss.

In meiner Schulzeit war vieles nicht gut, aber es gab ein breites gesellschaftliches Bemühen, Kindern so viele Lebenschancen wie möglich einzuräumen. Es war die Abkehr vom Bildungsideal des 19. Jahrhunderts, das zuerst der Elite und dann erst der Gemeinschaft verpflichtet war. Spätestens seit den PISA-Untersuchungen sehnen wir uns bildungspolitisch wieder nach dem 19. Jahrhundert zurück. Das Schlimme dabei ist, dass die kulturelle Bildung sich manchmal auch auf dem Weg in die Vergangenheit befindet. Kulturelle Bildung nicht als Chance zur Teilhabe, sondern nur als Element der Karrierebildung. »Was, ihr Kind kann kein Instrument spielen, wie soll es denn dann gut Mathematik können?«

In den Siebziger- und Achtzigerjahren des letzten Jahrhunderts war unser Bildungssystem durchlässiger und damit letztlich auch gerechter als heute. Der Besuch einer Hauptschule war nicht das Ende, sondern konnte der Beginn einer Entwicklung sein. Als einzige Reform fällt den Bildungspolitikern heute letztlich nur die Auflösung der Hauptschule ein. Und dann?

Bildungsgerechtigkeit kann nur erreicht werden, wenn jeder Mensch die Chance erhält, seines »eigenen Glückes Schmied« sein zu können. Die Eliten sind jetzt erst einmal genug gepampert worden, jetzt sind einmal die Loser dran.

Prügeln

1. Mai 2010

Kann eine ganze Gesellschaft unter Amnesie leiden? Sie kann, das haben wir in der jüngeren Geschichte immer wieder erleben müssen. Gerade hat die deutsche Gesellschaft mal wieder einen schweren Krankheitsschub. Oh Gott, soll es wirklich Gewalt in Schulen von Lehrern, Pfarrern und anderen Verantwortlichen gegen Schüler gegeben haben? Wir schütteln uns angewidert.

Natürlich muss man unterscheiden zwischen sexueller Nötigung und sogar Vergewaltigung und den damals vollkommen üblichen und normalen körperlichen Züchtigungen an vielen Schulen. Ja, weit verbreitet waren die Ohrfeige, die Kopfnuss und der »leichte« Schlag auf den Hinterkopf. Üblich und normal war dieses an vielen Schulen, es war deshalb aber trotzdem eindeutig und unmissverständlich falsch.

Gesellschaftlich und juristisch war körperliche Züchtigung aber sanktioniert. Wie viele Eltern erlaubten den Lehrern letztlich auch mit körperlicher Gewalt zu erziehen, entweder durch direkte Aufforderung oder zumindest durch stillschweigendes Dulden. Auch mitten auf der Straße konnte es einem passieren, dass man, wenn man als Schüler von einem wildfremden Menschen mit einer Zigarette im Mund erwischt wurde, eine Backpfeife einstecken musste. Erst 1973 wurden in der alten Bundesrepublik die »schulischen Körperstrafen« umfassend verboten. Und erst seit zehn Jahren haben Kinder laut Bürgerlichem Gesetzbuch ein »Recht auf gewaltfreie Erziehung«. Und ins Grundgesetz haben die »Kinderrechte« bislang ebenso wenig Einzug gehalten wie das »Staatsziel Kultur«. Letztlich begann erst Anfang der siebziger Jahre des letzten Jahrhunderts im Westen Deutschlands ein langsamer Wandel in den Schulen. Dieser Wandel wurde aber nicht alleine von der Pädagogik und der Justiz herbeigeführt, sondern auch durch ein renitentes Aufbegehren der Schülerinnen und Schüler selbst.

1972, in dem Jahr, in dem das vielleicht berühmteste Kindertheater der Welt, GRIPS, seinen Namen erhält, schreiben Volker Ludwig und Reiner Lücker für das gleichnamige Theaterstück den Titelsong: Mannomann.

»... Man muss sich nur wehren
Man muss sich nur wehren
Und die Fragen stell'n,
Die die anderen stören.
Man muss sich nur wehren
Man muss sich nur wehren
Und auf Gebrüll
Am besten gar nicht hören.«

Für mich ist dieses Lied auch heute noch die Hymne des Aufbruches. Den Kindern und Jugendlichen wurde Mut gemacht, sich nicht alles gefallen zu lassen, sich zu wehren und Fragen zu stellen. Und sie stellten Fragen, forderten Veränderungen ein, ließen sich nicht mehr alles gefallen.

Und heute, 38 Jahre nach dem Verbot der Prügelstrafe in Schulen, prügelt man erneut, wieder mit Billigung oder sogar ausdrücklicher Forderung der Erziehungsberechtigten, auf Schülerinnen und Schüler ein, durch vollkommen übertriebenen Leistungsdruck, zu frühes Einschulen, zu kurze Schulzeit, zu wenig Freizeit. Das für mich Erschreckendste ist aber, dass man an deutschen Schulen viel zu selten den Aufschrei von Schülerinnen und Schülern hört »Man muss sich nur wehren«.

Beton

1. Juli 2010

Das Schlimmste an der Krise des politischen Systems, die wir in diesen Tagen miterleben müssen, ist die Visionslosigkeit. Die Kanzlerin, sichtbar von dem Rücktritt von Bundespräsident Köhler gezeichnet, gibt freimütig zu Protokoll, dass sie immer gerade das abarbeite, was auf ihrem Schreibtisch lande. Große Ziele scheinen der Republik abhandengekommen sein. Selbst der Mindestkonsens, den unsere Gesellschaft viele Jahrzehnte einte, ein besseres Leben für Alle erreichen zu wollen, scheint nach den einseitigen Sparvorschlägen in Frage gestellt zu sein.

Kann es dann wenigstens eine sinnstiftende visionäre Kulturpolitik in dieser Krise geben? Bundestagsvizepräsident Wolfgang Thierse nannte den im Rahmen der Sparbeschlüsse verschobenen Wiederaufbau des Preußischen Stadtschlosses in Berlin »das größte und spannendste Kulturprojekt in der Geschichte der Bundesrepublik Deutschland – die Vollendung der Humboldtschen Idee: der Dialog zwischen Europa und den Weltkulturen in der Mitte Berlins«. Wenn Wolfgang Thierse Recht haben sollte, könnte dieses Projekt zur Sinnstiftung beitragen. Aber warum ist der Funke für diese Idee bislang nicht übergesprungen, warum lehnt die Bevölkerung den Wiederaufbau des Stadtschlosses in Berlin mit überwältigender Mehrheit ab, warum wird jetzt noch nicht einmal in den Feuilletons eine angeregte Debatte über die inhaltliche Füllung des Stadtschlosses geführt? Die Vorsitzende des Kulturausschusses des Deutschen Bundestages, Monika Grütters, sprach im Zusammenhang mit der Verschiebung des Baubeginns des Stadtschlosses vom »Fluch der Fassade«. Und hier liegt vielleicht das Problem, die Diskussionen werden von der Gestaltung der Fassade mehr bestimmt, als von der Frage was in dem Gebäude stattfinden soll. Beton ersetzt, auch in der Bundeskulturpolitik, seit Jahren oftmals den Diskurs.

Vollkommen abgemeldet sind in diesem Zusammenhang die Künstler. Sie sind eigentlich die geborenen Visionäre und Sinnstifter. Es stimmt, sie werden auch nicht gefragt. Doch wo steht geschrieben, dass Künstler sich erst dann einmischen dürfen, wenn sie von der Obrigkeit dazu aufgefordert werden?

Das Humboldtforum, so wird der Inhalt des zukünftigen Berliner Stadtschlosses genannt, zeigt die Sprachlosigkeit auch des Kulturbereiches in der Krise auf. Wenn der Humboldtsche Geist wirklich einmal durch das rekonstruierte Schloss wehen soll, muss vorher die Sinnfrage in einer öffentlichen Debatte beantwortet werden. Bislang bestimmt aber nicht der Geist Humboldts, sondern der Preußens auf der Schlossbaustelle in der Mitte von Berlin und verhindert eine öffentliche Debatte.

Vordemokratisch

1. September 2010

Es war wohl ein Zufall, dass Phoenix nur wenige Tage nach der Eröffnung der diesjährigen Wagner-Festspiele in Bayreuth den Film »Winifred Wagner – Die Muse« von Christian Deick und Annette Tewes wiederholte. In dem Film, der einen erschreckend tiefen Einblick in die Verstrickungen des Wagner-Clans mit dem Nationalsozialismus gibt, wird auch ein Interviewausschnitt mit Winifred Wagner aus den 1970er-Jahren vorgestellt, in dem die »Herrin des grünen Hügels« feixend erläutert, warum sie Hitler nach dem Zweiten Weltkrieg nur noch mit dem Kürzel »USA« für »Unser seliger Adolf« umschreibt. Auch wenn diese Äußerung schon lange bekannt ist und öfter gesendet wurde, will ich nicht verschweigen, dass es mir immer noch die Sprache verschlägt, mit welcher Selbstverliebtheit Winifred Wagner sich in Pose setzte nach all dem Unheil.

An den Wagner-Festspielen ging das alles letztlich schadlos vorbei. Selbst das jüngste vordemokratische Auswahlverfahren bei der Besetzung der Bayreuther Festspielleitung vor zwei Jahren war kein Stein des Anstoßes in der Kulturszene. Wie selbstverständlich gebührt Mitgliedern der Familie Wagner das Recht der Leitung des mit öffentlichen Mitteln mitfinanzierten Hauses.

Nike Wagner, die Urenkelin Richard Wagners, hat vor einigen Jahren die öffentlichen Gelder zur Finanzierung der Bayreuther Festspiele für unnötig gehalten. Sie sagte, es sei schwerlich einzusehen, »dass dieses auf Jahre hinaus überbuchte und risikofrei arbeitende Haus weiterhin Millionen öffentlicher Gelder erhält«. Ich weiß nicht, ob Nike Wagner Recht hat, doch finde ich, dass eine öffentlich finanzierte Kultureinrichtung nicht einer Familie gehören kann.

Zur Eröffnung der Festspiele kam auch dieses Jahr wieder viel Prominenz. Die Kanzlerin, der Außenminister und viele andere. Vergessen Sie also bitte diesen unqualifizierten Einsparvorschlag schnell wieder. Und auch alles sonstige Gemaule über vordemokratische Zustände ist wirklich nicht mehr zeitgemäß. Sorry.

Schweigenbrechen

1. November 2010

Das muss man doch mal sagen dürfen, ist die neue Leitaussage der jüngsten Integrationsdebatte. Thilo Sarrazin hat mit dem »Sagen dürfen« begonnen und eine Welle der Befreiung, endlich mal offen seine Meinung zu sagen über die Ausländer, die Muslime und wer uns denn sonst noch unheimlich ist, schwappt über das Land. Nicht nur die Stammtische atmen befreit auf, auch Spitzenpolitiker sind endlich nicht länger zum Schweigen verurteilt. Das Schweigenbrechen befreit die Seele und ist deshalb zumindest für diejenigen, die nun drauflosreden, sicherlich gesundheitsfördernd. Ob diese positive Diagnose auch für die gesamte Gesellschaft gestellt werden kann, muss aber ernsthaft bezweifelt werden.

Das Fremde macht immer Angst. Fremdes Aussehen, fremde Sprachen, fremde Rituale drängen uns in eine automatische Abwehrhaltung. Diese Angst ist tief in uns verankert und muss wie ein wildes Tier immer unter Kontrolle gehalten werden, damit wir nicht in Panik geraten. Der beste Schutz gegen diese Angst ist Wissen über das Fremde in unserer Nähe.

Für mich war und ist das wirklich Erschütternde der Debatten der letzten Wochen das unglaubliche Unwissen der Meinungseliten über das vermeintlich Fremde in unserer Nachbarschaft. Bildungsarmut ist eben kein »Unterschichten«-Phänomen, wie gerne behauptet wird, sondern die sogenannten Eliten in den Medien und der Politik kennen sich erschreckend wenig mit kulturellen und religiösen Fragen aus.

Interkulturelle Bildung wurde offensichtlich an den Gymnasien und Hochschulen in unserem Land vielen Schülern und Studenten nicht ausreichend vermittelt und bei den vielen Urlaubsreisen in aller Herren Länder auch nicht nachgeholt. Allein das Unwissen über den Koran, die Heilige Schrift der Muslime, scheint nicht nur in den Talkshows grenzenlos zu sein. Ist das Kopftuch ein Symbol der Unterdrückung der Frau oder Ausdruck einer tiefen Gläubigkeit? Wenn man es nicht weiß, kann man ja fragen. Der diesjährige Tag der offenen Moscheen war eine solche Möglichkeit, die von erfreulich vielen Bürgerinnen und Bürgern, die mehr wissen wollten, genutzt wurde.

Der Deutsche Kulturrat hat auch gefragt. Seine jüngste Stellungnahme zur kulturellen Bildung wurde gemeinsam mit neun Migrantenorganisationen erarbeitet und verabschiedet. Seit nunmehr einem Jahr sitzen wir an einem Runden Tisch zusammen und sprechen über Fragen der interkulturellen Bildung miteinander. Ich bin mir sicher, wir können noch viel voneinander lernen und damit zu guten Bekannten in unserem gemeinsamen Land werden.

Opposition

1. Januar 2011

Opposition ist Mist, hatte im Frühjahr 2004 der damalige SPD-Vorsitzende Franz Müntefering gesagt und damit seiner eigenen Partei klarmachen wollen, dass das Ziel, Regierungsverantwortung zu übernehmen, die erste Priorität haben muss. Opposition ist aber zuerst einmal in einer Demokratie notwendig, damit die Regierung kontrolliert werden kann und ihre Grenzen aufgezeigt bekommt. Opposition ist aber auch eine Chance. Große Ideen, auch die kulturpolitischen, müssen in der Opposition, außerhalb der Zwänge des Regierungshandelns, geboren werden, um sie dann nach einer erfolgreichen Wahl in der Regierungsverantwortung umsetzen zu können.

Eine in der Opposition geborene kulturpolitische Idee war die Stärkung der Bundeskulturpolitik durch die Berufung eines Kulturstaatsministers und der Einsetzung eines Kulturausschusses im Deutschen Bundestag. Diese sozialdemokratische Idee wurde wie allseits bekannt von der Regierung Gerhard Schröder 1999 in die Tat umgesetzt. Ideen wie diese fallen natürlich nicht einfach vom Himmel, sondern sind über Jahre von Oppositionsvertretern mit Kulturschaffenden und ihren Verbandsvertretern diskutiert worden. Oppositionszeiten sind Zeiten des intensiven Dialogs mit der Zivilgesellschaft.

Und heute – im Rückblick auf das Jahr 2010 – scheinen diese Regeln der Oppositionsarbeit nicht mehr zu gelten. Schon bei den Beratungen für den Bundeshaushalt 2011 für den Bereich der Auswärtigen Kultur- und Bildungspolitik war es die Regierungsfraktion CDU/CSU selbst, die mit der Vorsitzenden des Kulturausschusses Monika Grütters (CDU) und dem Vorsitzenden des Unterausschusses für Auswärtige Kulturpolitik Peter Gauweiler (CSU), die heftigsten Kritiker der Regierungsvorschläge ins Rennen geschickt hatte. Die Kritik der Opposition war gegenüber dieser »Selbstkritik« aus dem Regierungslager geradezu zurückhaltend.

Noch deutlicher wird die Veränderung, wenn man nach den kulturpolitischen Visionen der Opposition fragt. Erste Konturen kann man bei Bündnis90/Die Grünen erkennen, die sich vor einigen Wochen mit ihrem »Netzpolitischen Kongress – Gesellschaft digital gestalten« geäußert haben. Wohin die SPD und Die Linke wollen, und ob sie überhaupt irgendwo hin wollen, ist noch nicht sicher auszumachen. Sind linke kulturpolitische Visionen nicht mehr zeitgemäß?

Kulturstaatsminister Bernd Neumann erhält von den Kulturschaffenden durchweg Zuspruch. Er erhält diesen Zuspruch nicht, weil er ein großer Visionär wäre, sondern weil er eine solide, verlässliche Kulturpolitik unter offensiver Einbeziehung der Zivilgesellschaft macht. Eine offene Kommunikation ersetzt dauerhaft sicherlich nicht die Visionen, sie ist jedoch deren Voraussetzung. Und hier kann die Opposition von der Regierung lernen.

In diesem Jahr werden sieben Landtagswahlen die Politiker zu einem erheblichen Teil von jeder konzeptionellen Arbeit abhalten. Und trotzdem rufe ich den Oppositionspolitikern im Deutschen Bundestag zu: Linke Kulturpolitik war einmal der Motor der Bundeskulturpolitik. Jetzt in der Opposition müssen die notwendigen konzeptionellen Vorbereitungen getroffen werden. Opposition ist eben kein Mist, wenn man sie als kulturpolitische Chance begreift.

Eigenständigkeit

1. März 2011

Draußen in der weiten, nicht nur arabischen Welt, blüht die Zivilgesellschaft zu ungeahnter Kraft auf und bei uns ist nur tote Hose. Dummes Zeug, werden viele von Ihnen sagen, wir sind doch das Land mit der am besten organisierten Zivilgesellschaft. Wo gibt es schon so viele Vereine und Verbände wie in Deutschland? Richtig, aber trotzdem haben wir einige strukturelle Probleme.

Nehmen wir als Beispiel das Bundesnetzwerk Bürgerschaftliches Engagement (BBE), das der Deutsche Kulturrat vor neun Jahren mitgegründet hat und das heute mit seinen 250 Mitgliedsorganisationen der größte Zusammenschluss von Akteuren aus Zivilgesellschaft, Staat und Wirtschaft ist. Heute wird das Netzwerk von seinem Hauptfinanzier, dem Bundesfamilienministerium, in einer Art und Weise drangsaliert, dass das Selbstbewusstsein des BBE fast vollkommen zerstört ist. Sichtbar wurde das zerrüttete Verhältnis bei der Erarbeitung der sogenannten Nationalen Engagementstrategie der Bundesregierung. Das »Nationale Forum für Engagement und Partizipation«, eine Gründung des BBE, organisierte auf Bitten des Ministeriums eine Vielzahl von Expertenrunden und Tagungen zur Vorbereitung der Nationalen Engagementstrategie der Bundesregierung. Das Familienministerium übernahm am Ende des Diskussionsprozesses so gut wie keinen der Vorschläge aus den Arbeitsgruppen in die Nationale Engagementstrategie. Für die nächste Diskussionsrunde mit der Zivilgesellschaft hat das Ministerium dem BBE, gegen seinen Willen, das »Nationale Forum für Engagement und Partizipation« gleich ganz weggenommen. In Zukunft wird der Deutsche Verein für öffentliche und private Fürsorge e.V. im Auftrag des Ministeriums als einfacher Dienstleister der Träger des Nationalen Forums sein. Ebenso schlimm wie das selbstherrliche Verhalten des Ministeriums bei dieser Aktion ist die Leidensbereitschaft des BBE.

Das Standardargument ist immer, dass der Staat auch die Finanzierung sicherstellt und deshalb selbstverständlich auch das inhaltliche Sagen haben muss. Stimmt das wirklich?

Bei der Durchführung von gesellschaftlichen Aufgaben sind in Deutschland zuerst untergeordnete Glieder wie die Kommunen und die Zivilgesellschaft für die Lösung und Umsetzung zuständig, während übergeordnete Glieder, wie die EU, der Bund und die Länder, zurückzutreten haben. Dieser Subsidiaritätsgedanke tritt unter der Bedingung ein, dass das untergeordnete Glied in der Lage ist, die Probleme und Aufgaben eigenständig zu lösen. Gleichwohl darf das kleinste Glied nicht überfordert werden und die übergeordneten Ebenen müssen gegebenenfalls, meistens mit der Zurverfügungstellung von Geldmitteln, Unterstützung leisten. Das heißt der Staat muss die kleineren Einheiten wie die Zivilgesellschaft in die Lage versetzen, ihre Aufgaben wahrzunehmen und er muss gleichzeitig darauf verzichten, »das Sagen« zu haben. Diesem einfachen Grundsatz liegt auch das Prinzip des Kulturföderalismus in Deutschland zugrunde. Und auch die Tarifautonomie ist ein Ausdruck dieses Prinzips und im Grundgesetz wird das Subsidiaritätsprinzip auf der europäischen Ebene (Art. 23 GG) sogar zu einem Grundrecht erhoben. Für die Zivilgesellschaft ist dieses Prinzip der Garant für Eigenständigkeit trotz öffentlicher Förderung.

Naturbildung

1. Mai 2011

Fukushima ist nicht nur eine beispiellose Katastrophe in einem halben Dutzend Kernkraftwerken gleichzeitig, sondern das Menetekel der Entfremdung unserer Gesellschaften von der Realität. Gefahren wie Erdbeben gehören zum Leben, eine gefahrlose Welt wird es nicht geben. Und trotzdem tun wir als Gesellschaft so, als wären wir unverletzlich und stünden über der Macht der Natur.

In meiner Kindheit heulte regelmäßig die Sirene auf dem Dach des Rathauses zum Probealarm. Feueralarm, ABC-Alarm und dann eine Minute Dauerton zur Entwarnung. Der Alarm hat einem die Verletzlichkeit der Gesellschaft regelmäßig vor Augen geführt. Heute sind die Sirenen fast überall abgebaut.

Wir haben uns entfremdet vom Leben. Damit sind nicht nur die Gefahren gemeint, denen wir durch die Natur ausgesetzt sind, sondern wir sind auch entfremdet von der Faszination des Lebens um uns. Wenn ich in Berlin einen Spaziergang durch den Grunewald mache, besuche ich gerne zum Abschluss das Ökowerk am Teufelssee. In einem alten, stillgelegten Wasserwerk sind ein Bauerngarten, Teiche und Insektennistwände aufgestellt. In den Sommermonaten bevölkern junge Familien das Gelände. Die Kinder löchern ihre Eltern, was ist das für ein Krabbeltier, wie heißt die Blume, iiii eine Schlange? Und die Eltern stehen oft genauso ratlos davor wie ihre Kinder. Vorsicht vor den Wespen, warnen sie ihre Kinder, wenn harmlose Grabwespen ihre Neströhren anlegen. Oftmals schaudert es mich, wenn ich die zwar fantasievollen, aber vollkommen unsinnigen biologischen Erklärungsversuche der Eltern für ihre Kinder mitanhöre. Wohl bemerkt, es handelt sich bei den Besuchern des Ökowerkes gerade nicht um die sonst gerne beschworenen bildungsfernen Schichten, sondern um das gut ausgebildete, oft akademische Bürgertum aus Berlin-Charlottenburg, Wilmersdorf oder Zehlendorf. Viele von diesen jungen Eltern haben im Schulunterricht gelernt, welche Rolle Adenosintriphosphat oder Polynucleotide beim Aufbau von Pflanzenzellen spielen, von den Pflanzen selbst als Teil unserer Umwelt haben sie ganz offensichtlich nur wenig erfahren.

Wir setzen uns als Deutscher Kulturrat richtigerweise vehement für mehr kulturelle Bildung in Schulen und Vorschulen ein. Aber kann man eigentlich Kultur erfahrbar machen, wenn selbst ein Mindestmaß an Naturbildung fehlt? Müssten wir uns nicht ebenso für einen wirklichen Naturkundeunterricht einsetzen, wie wir uns für Musik- und Kunstunterricht stark machen?

Fukushima wird ein Wendepunkt bei der Erzeugung von Energie sein. Die Natur kann nicht beherrscht werden, sie ist letztendlich stärker als Spundwände und Stahlbetonummantelungen. Vielleicht wird Fukushima aber auch zu einem weiteren Umdenken zwingen. Nur wer die Natur kennt, kann in ihr einigermaßen sicher leben, das gilt auch im 21. Jahrhundert. Naturkenntnis und kulturelle Entwicklung sind untrennbar verbunden. Auch das lehrt uns in erschreckender Deutlichkeit die Katastrophe in Fukushima.

Demografiegerechtigkeit

1. Juli 2011

Bunter, älter, weniger – an diesem Slogan kommt seit einigen Jahren niemand vorbei. Er fasst den demografischen Wandel zusammen. Konkret bedeutet dieser Slogan für die westlichen Industriegesellschaften, dass in ihnen weniger Menschen leben, also die Bevölkerungszahl schrumpft, dass in ihnen mehr ältere als jüngere Menschen leben, also die Bevölkerungszusammensetzung sich mit Blick auf die Altersstruktur ändert und dass in ihnen mehr Menschen mit Migrationshintergrund leben, sich folglich die Bevölkerung auch hinsichtlich der kulturellen Herkünfte verändert.

Dieser zitierte, eher fröhlich daher kommende Slogan bringt eine Veränderung auf den Punkt, die für alle Akteure des Kulturbereichs – egal ob Künstler, ob Kulturverwerter, ob Kultureinrichtung, ob Kulturverein – einschneidend ist. Sie bedeutet nichts anderes als das Ende der Wachstumslogik im Kulturbereich. Über Jahrzehnte hinweg bedeutete Kulturförderung immer ein Plus. Neue Vorhaben, neue Institutionen, neue Projekte wurden zusätzlich zu den Bestehenden unterstützt. Dieses bedeutete auch für Künstler und andere Kulturakteure veränderte Entwicklungs-, Absatz- und vor allem Verdienstchancen. Der demografische Wandel wird die Kulturpolitik zwingen, Entscheidungen über die künftige kulturelle Infrastruktur zu treffen und diese Entscheidungen werden unmittelbare Auswirkungen auf die Erwerbsmöglichkeiten von Künstlern und die Kulturwirtschaft im Allgemeinen haben.

Wenn sehr viel weniger Menschen in einigen Regionen leben, wird sich die Frage stellen, ob nicht auch die kulturelle Infrastruktur vor Ort zurückgefahren werden muss. Für Künstler bedeutet dies, dass sie weniger Auftritts- oder Ausstellungsmöglichkeiten haben. Wenn sich die Bevölkerungszusammensetzung und damit auch die Nachfrage nach kulturellen Angeboten ändern, müssen die bewährten Förderstrukturen auf den Prüfstand.

Kulturelle Vielfalt darf in diesem Zusammenhang keine beliebige Aussage sein, sondern die Förderung kultureller Vielfalt bedeutet bei tendenziell eher sinkenden Kulturfördermitteln, dass der Kuchen der Kulturförderung neu, also demografiegerecht, geteilt werden muss.

Jubiläumsgeschenk

1. September 2011

Der Deutsche Kulturrat wird 30 und macht sich mit der Einrichtung einer Satzungskommission ein eigenwilliges Geschenk. Mancher wird bei diesem Geschenk eher die Stirn runzeln und mehr an eine Last als an eine Freude denken. Und sicher wird die Arbeit in der Kommission kein Zuckerschlecken werden, denn es geht um viel.

Der Deutsche Kulturrat gehört zu den wenigen Verbänden in Deutschland, die kontinuierlich wachsen. Insgesamt 234 Bundesverbände der Künstler, der Kulturwirtschaft, der Kulturvermittler und der Kulturengagierten gehören dem Deutschen Kulturrat heute an. Doch eigentlich ist das so nicht richtig formuliert. Die 234 Verbände gehören dem Deutschen Kulturrat nicht direkt an, sondern sind Mitglied der acht Sektionen des Kulturrates. Diese Sektionen sind keine Teile des Deutschen Kulturrates, sondern sie sind seine juristischen Mitglieder.

Diese ungewöhnliche Konstruktion stellt sicher, dass die großen Fachbereiche, wie die Musik, die Literatur oder die bildende Kunst, die kleineren Bereiche, wie Design oder Soziokultur, nicht dominieren. Vor 30 Jahren wurden neben den bereits existierenden Sektionen Musik (Deutscher Musikrat) und Design (Deutscher Designertag) die anderen sechs Sektionen speziell für die Mitgliedschaft im Deutschen Kulturrat gegründet.

Heute, drei Jahrzehnte nach diesen Gründungen, wird es Zeit, über diese Konstruktion nachzudenken. Besonders lässt die starre Struktur von acht Sektionen nur wenig Raum für die Aufnahme von Mitgliedern, die spartenübergreifend arbeiten und sich nicht in einen der Bereiche einordnen lassen. Dies gilt auch für die Migrantenverbände, mit denen der Deutsche Kulturrat seit Jahren eng zusammenarbeitet.

Von vielen unserer mittelbaren Mitglieder wird seit Jahren eine direktere Einflussnahme auf die Entscheidungen des Deutschen Kulturrates gewünscht. Dass die jährlich stattfindende Mitgliederversammlung über den Haushalt des Deutschen Kulturrates entscheidet und den Vorstand und die Geschäftsführung entlastet, den Vorstand aber nicht bestimmen kann, wird oftmals als Demokratiedefizit angesehen. Da hilft es auch wenig, wenn man erklärt, dass die Sektionen im Sprecherrat des Kulturrates alle zwei Jahre aus ihrer Mitte den Vorstand wählen und somit alle 234 mittelbaren Mitglieder auf die Entscheidung über ihre Sektionen Einfluss nehmen können.

Die zum Jubiläum geschenkte Satzungskommission hat eine äußerst schwierige Aufgabe zu erfüllen. Sie muss nach meiner Ansicht einen Vorschlag erarbeiten, der sicherstellt, dass Bundeskulturverbände Mitglied im Deutschen Kulturrat werden können, auch wenn sie keiner der bereits existierenden Sektionen fachlich zugeordnet werden können. Auch muss die Bedeutung der Mitgliederversammlung, als Ort aller Mitglieder, also auch der Mitglieder der Sektionen, deutlich gestärkt werden. Das Annähern an diese beiden Anforderungen darf aber nicht einhergehen mit der Aufgabe des seit 30 Jahren erfolgreichen Interessenausgleichs über die Sektionen. Eine große Aufgabe zum Jubiläum, packen wir es an.

Klein-Klein

1. November 2011

Die Welt wird immer komplizierter. Niemand kann heute noch alles wissen und schon gar nicht alles steuern. Bedrückend erleben wir diese komplexe Unsteuerbarkeit bei der nicht enden wollenden Finanz- und Wirtschaftskrise. Nur ausgewiesene Fachleute können, so glauben und hoffen viele inständig, noch Teilbereiche überblicken und ordnen.

Die Anforderungen der modernen Welt haben auch vor dem Deutschen Bundestag nicht haltgemacht. Der Deutsche Bundestag ist schon längst kein Abbild der deutschen Gesellschaft mehr, sondern zu einem erheblichen Teil ein Parlament der Bildungselite. Von den 620 Abgeordneten haben 559 eine Hochschulausbildung absolviert, davon 524 mit Abschluss. Nur zwölf Abgeordnete haben einen Hauptschulabschluss. Alleine ein Viertel aller Abgeordneten sind Juristen und ihr Anteil steigt von Legislaturperiode zu Legislaturperiode. Eigentlich müssten das doch sehr gute Voraussetzungen dafür sein, um den Problemen unserer Zeit Herr zu werden?

Der Deutsche Bundestag steht mit dieser Entwicklung nicht alleine da. Auch in den Kulturverbänden steigt der Anteil der Juristen kontinuierlich. Mittlerweile ist es schon schwer, einen Geschäftsführer eines Bundeskulturverbandes zu finden, der kein Jurist ist. Dies hat Vorteile und Nachteile. Der Vorteil ist, dass Themen strukturell aufgearbeitet werden, in klassischer Juristenmanier werden die komplexen Aufgaben in kleine, zu bewerkstelligende Bereiche unterteilt. Auf dem Vorhandenen aufbauend wird versucht, eine Lösung zu finden. Der Nachteil ist, dass oftmals der Blick für das Ganze verloren geht, weil zu schnell nach einfach umsetzbaren Lösungsoptionen gesucht wird.

Besonders deutlich werden die Nachteile im Kulturbereich bei den Debatten um eine Reform des Urheberrechts. Obwohl eine fast unüberschaubare Anzahl von Fachjuristen sich diesem Thema widmet, kommen wir nicht weiter. Sobald auch nur eine kleine Idee geboren wird, wird sie sofort juristisch korrekt an den vorhandenen Paragraphen des Urheberrechtsgesetzes, das in den analogen sechziger Jahren des letzten Jahrhunderts geschrieben wurde, abgeklopft, zerredet und als undurchführbar verworfen.

Was uns bei der Lösung der urheberrechtlichen Fragen im digitalen Zeitalter genauso fehlt wie bei der Lösung der ungleich bedrohlicheren Finanz- und Wirtschaftskrise, sind Menschen, die ihren Blick auf das Ganze richten. Erst wenn man weiß wo die Reise hingehen soll, kann man die Etappen der Reise planen. Das juristische Klein-Klein ist notwendig, aber die Vision ist die Voraussetzung.

Einfluss

1. Januar 2012

Eine Gruppe von Sozialdemokraten hat vor kurzem die Initiative D64 gegründet. Die Mitglieder der Initiative gehören nach eigenen Angaben der Generation C64 an, also der Generation, die Anfang der 1980er-Jahre ihre ersten Berührungen mit der digitalen Welt am legendären 8-Bit-Heimcomputer Commodore 64 gesammelt hat. Sie sind unzufrieden mit der Art, wie Deutschland und wohl besonders die Sozialdemokratie mit dem Digitalen umgeht und sie wollen die Grundwerte Freiheit, Gerechtigkeit und Solidarität vor dem Hintergrund der Digitalisierung »aktualisieren«. Nicht viel anders sehen das die Initiatoren des ebenfalls im letzten Jahr gegründeten Vereins »Digitale Gesellschaft«, die aus dem grünennahen Milieu stammen. Auch sie wollen netzpolitische Kampagnen initiieren. Diese beiden neuen Vereine sind Beispiele einer politischen Veränderung, die nicht erst seit dem Erfolg der Piratenpartei in Berlin auch die etablierten Parteien erfasst hat. Die Netzpolitiker, so werden die Aktivisten in den Parteien fast ehrfürchtig genannt, sind durch und durch mit dem Internet und dem Computer sozialisiert. Im Deutschen Bundestag wächst ihr Einfluss zusehends, auch weil die meist älteren anderen Abgeordneten, die aus der analogen Zeit stammen, zwar einen Computer nutzen und auch eine eigene Homepage haben, aber im täglichen Leben mit der neuen digitalen Wirklichkeit merklich fremdeln.

Viele Netzpolitiker finden, dass wir, die Vertreter von Kulturverbänden, in der analogen Welt hängengebliebene Lobbyisten von gestern sind, die die analogen Strukturen solange wie möglich am Leben halten wollen und damit dem Neuen merklich im Wege stehen. Dieser Eindruck ist ja auch gar nicht so falsch. So haben wir uns als Kulturverbände gemeinsam erfolgreich gewehrt, als auf dem Parteitag von Bündnis 90/Die Grünen Ende November des letzten Jahres massive Einschnitte ins Urheberrecht gefordert wurden. Nach unseren Protesten fordern die Grünen nicht länger eine Schutzfristverkürzung für urheberrechtlich geschützte Werke von heute 70 Jahre nach dem Tod des Künstlers auf fünf Jahre nach Erscheinen des Werkes, sondern es ist von einem Arbeitsprozess die Rede, an dessen Ende eine Verkürzung der Schutzfrist stehen soll. Als eines der zu prüfenden Modelle wird die Beschränkung der Schutzfrist auf die Lebenszeit der Urheber genannt. Ebenso ist jetzt im Beschluss die Rede davon, dass ein »Ausgleich zwischen den Interessen, Ansprüchen, persönlichen Verbindungen und Rechten der SchöpferInnen eines Werkes und den Interessen der kulturellen Teilhabe der Gesellschaft« hergestellt werden muss. Es ist ein Fortschritt, dass die Grünen jetzt immerhin anerkennen, dass Urheber Rechte an ihrem Werk haben. Dennoch, Bündnis 90/Die Grünen untermauern mit ihrem auf dem Parteitag gefällten Beschluss, dass die Hauptzielrichtung ihrer Urheberrechtspolitik nicht die Urheber, sondern die Nutzer sind, die kulturell teilhaben sollen. Wie sehr von Seiten der Nutzer gedacht wird, wird an der Formulierung zur angemessenen Vergütung für nicht-kommerzielle Nutzung im Netz deutlich. Hier soll eine Lösung gefunden werden, die den Zugang der Verbraucher zu urheberrechtlich geschützten Werken erleichtert, »ohne die Rechte der Urheber unverhältnismäßig zu beeinträchtigen«. Dass die Rechte der Urheber beeinträchtigt werden sollen, scheint für die Grünen eine ausgemachte Sache zu sein. Unser Erfolg ist es, dass wir bei den Grünen erreicht haben, dass der Prozess hin zu einem geschwächten Urheberrecht verlangsamt wurde. Aufgehalten wurde er aber nicht!

Die Netzpolitiker sind auf dem Vormarsch, nicht nur bei den Grünen. Sie bauen ihre Einflussmöglichkeiten kontinuierlich aus. Die Vereine »D64« und »Digitale Gesellschaft« sind dabei wichtige Einflusssphären wie auch das »Forschungsinstitut für Internet und Gesellschaft« an der Humboldt-Universität zu Berlin, das von Google initiiert und finanziert wird.

Wir sollten mit diesen neuen Mitspielern intensiv diskutieren, um unsere Sichtweise deutlich zu machen, denn ein starkes Urheberrecht wird gerade in der digitalen Welt gebraucht.

Medienmacht

1. März 2012

»Falsch, falsch, falsch. Nur sie haben Recht. Und da die Sonne so schön scheint, sollten wir's dabei belassen.«, das schrieb mir Kai Diekmann, der Chefredakteur der Bild-Zeitung, im April 2010, weil ich die Berichterstattung der Bild-Zeitung über den Deutschen Kulturrat kritisiert hatte. Im Nachhinein erst wird mir bewusst, dass ich damals wohl großes Glück gehabt habe. Man stelle sich einmal vor, die Sonne hätte nicht schön geschienen und Herr Diekmann hätte es nicht dabei belassen.

Medien sind nicht nur eine unverzichtbare Kontrollinstanz der Demokratie, sie haben auch Macht! Und Macht muss immer kontrolliert werden. Diese Kontrolle darf aber nicht vom Staat organisiert werden, da die grundgesetzlich geschützte Pressefreiheit das richtigerweise ausschließt, sondern sie muss durch die Medien selbst erfolgen. Doch bislang scheinen die Medien zu einer solchen Selbstkontrolle nur in Ansätzen bereit zu sein. Wenn zum Beispiel im Frühjahr des letzten Jahres dutzende von Feuilleton-Journalisten zu einer Reise nach Peking eingeladen wurden, um sich die von Deutschland initiierte und finanzierte Ausstellung »Die Kunst der Aufklärung« anzusehen, wundert das fast durchweg positive Echo über die Ausstellung in deutschen Medien wenig. Nicht dass man mich missversteht, gerne sollen Journalisten auch weiterhin kostenlos zu den Konzert- und Opernpremieren und zu den Ausstellungseröffnungen eingeladen werden, aber sie sollten dann bei ihren Kommentaren und Kritiken ihr eigenes Handeln mitbedenken.

Medien müssen sich gegen Einflussversuche wehren. Aber die Kritik an Medien ist weder unstatthaft noch automatisch eine Einschränkung der Pressefreiheit. Medien müssen mehr bereit sein, ihr eigenes Handeln auch öffentlich zu diskutieren.

Das gilt selbstverständlich auch für Politik & Kultur, die mit dieser Ausgabe in neuem Gewand ihr zehnjähriges Erscheinen erlebt. Eine Zeitung, die von einem Verband, dem Deutschen Kulturrat, finanziert wird und trotzdem nicht sein Zentralorgan ist, hat in diesen Jahren einige Versuche der Einflussnahme abwehren müssen. Einige zählen noch heute die Zeilen der erschienenen Artikel, um nachzuweisen, dass die Redaktion eine politische Kraft mehr zu Wort kommen lassen würde als die andere. Einige finden, dass die Sektionen, also die Mitglieder des Deutschen Kulturrates, Einfluss auf die inhaltliche Ausrichtung von Politik & Kultur haben sollten. Aber unter dem Strich kann man nach zehn Jahren sagen, dass die Unabhängigkeit der Redaktion sowohl von der Politik wie auch von den Kulturverbänden durchweg begrüßt und geachtet wird.

Transparenz

1. Mai 2012

Nachdem die Piraten ein Umfragehoch nach dem anderen erklimmen, ist Transparenz ein fast magisches Wort geworden. Die Piraten beschreiben ihre Mission mit »Transparenz in der Politik« schaffen, so wie einst die Mission der Grünen die Rettung der natürlichen Lebensgrundlagen war oder der sozialdemokratische Auftrag, für die Rechte der Arbeiterschaft zu streiten. Transparenz bedeutet mehr als nur Durchsichtigkeit im Politikbetrieb. Transparenz wird zur Ideologie einer neuen Jugendbewegung. Und da es bei einer neuen Bewegung nicht nur reicht, für etwas zu sein, sondern dazugehört, sich auch klar von dem »Alten« abzugrenzen, ist Politik, wie wir sie machen, folgerichtig intransparent.

»Mehr Demokratie wagen!« ist ein Leitgedanke der Piraten, sagen sie selbst über sich und übernehmen damit das Motto des von Willy Brandt angestoßenen sozialdemokratischen Aufbruchs. Mehr Mitbestimmung und Bürgerbeteiligung, organisiert im Internet, soll die zeitgemäße Antwort auf die alte Forderung sein. Doch ist das Internet wirklich der Ort für mehr Demokratie und Transparenz?

Mit sichtbarem Stolz hat mir ein Mitarbeiter von Google vor einigen Wochen berichtet, dass das Unternehmen nun mit der Weltgesundheitsorganisation (WHO) zusammenarbeitet, weil alleine durch die Auswertung der Seitenaufrufe der Suchmaschine festgestellt werden kann, ob irgendwo auf der Welt eine Pandemie im Entstehen ist. Wenn Nutzer sich in großer Anzahl für ein Krankheitsbild interessieren, klingeln in der Zukunft bei der WHO die Alarmglocken. Nur wenig Fantasie braucht es, um sich auszumalen, wohin das führen könnte. Mir ist es eiskalt den Rücken heruntergelaufen: Big Brother is watching you.

Mich beschleicht immer mehr der Verdacht, dass das Netz nicht der Ort für mehr Demokratie sein wird. Und transparent ist das Internet schon gar nicht. Die Macht im Netz, das kann man auch im Internetnebel ausmachen, liegt mehr auf der Seite von Google und Co. als bei den Netzpiraten.

Wenn die Piraten es mit der Transparenz in der Politik ernst meinen, müssen sie mit dem Märchen brechen, dass der vermeintlich freie Informationsfluss im Internet automatisch mündige Bürger schaffen würde, »die«, so erhoffen die Piraten, »in der Lage sind, ihre Freiheit wirkungsvoll gegen totalitäre Tendenzen zu verteidigen«.

Eine wehrhafte Demokratie und transparente Politik entstehen nicht automatisch im Netz und schon gar nicht durch das Netz, sondern werden ausschließlich durch politisch aktive Menschen gemacht, egal ob im Netz oder wo auch immer.

Gottesbezug

1. Juli 2012

»Im Bewusstsein seiner Verantwortung vor Gott und den Menschen, ...«, mit diesem klaren Gottesbezug beginnt die Präambel des Grundgesetzes und macht gleich deutlich, dass religiöse Fragen zu den Kernfragen des Zusammenlebens in Deutschland zählen. Deshalb ist es nicht gleichgültig, wie sich unsere gewählten politischen Vertreter zu religiösen Fragen verhalten.

»Muslime, die hier leben, gehören zu Deutschland«, hat Bundespräsident Gauck gesagt und hat sich damit von seinem Vorgänger Bundespräsident Wulff, für den der Islam zu Deutschland gehört, merklich abgesetzt. Bundespräsident Gauck hat weiterhin erklärt, dass er diejenigen verstehe, die fragten: »Wo hat denn der Islam dieses Europa geprägt, hat er die Aufklärung erlebt, gar eine Reformation?« Eine wirklich spannende Frage: Gehören also nur Religionen zu Deutschland, die die Aufklärung erlebt haben und gar eine Reformation? Gehört dann nicht letztlich nur der Protestantismus zu Deutschland?

Als Protestant wehre ich mich gegen diesen Reformationsdarwinismus nach dem Motto: Die höchste religiöse Entwicklungsstufe ist die Reformation, alle Religionen, die keine Reformation hatten, sind rückständig. »Die Freiheit des Glaubens, des Gewissens und die Freiheit des religiösen und weltanschaulichen Bekenntnisses sind unverletzlich. Die ungestörte Religionsausübung wird gewährleistet«, das sind die zentralen Aussagen zur Religionsfreiheit im Grundgesetz. Von einer Hierarchisierung der Religionen kann ich dort nichts lesen. Das wird auch deutlich bei weiteren religiösen, aber nicht explizit christlichen Bezügen im Grundgesetz, wie dass der Religionsunterricht in den öffentlichen Schulen ordentliches Lehrfach ist oder dass der Amtseid für Bundespräsident, Bundeskanzler und Bundesminister am Schluss lautet: »So wahr mir Gott helfe«. Die religiöse und weltanschauliche Neutralität der Bundesrepublik Deutschland verbietet es, von einem rein christlichen Gottesbezug im Grundgesetz zu sprechen. Er ist eben keine spezifische Parteinahme für einen bestimmten Glauben.

Am 31. Oktober 1517 schlug Martin Luther seine 95 Thesen gegen den Missbrauch des Ablasshandels an die Tür der Schlosskirche zu Wittenberg. 500 Jahre später, am 31. Oktober 2017, werden die Reformationsfeierlichkeiten in Deutschland und hoffentlich auch in der Welt ihren Höhenpunkt erreichen. Wir sollten die Chance dieses einmaligen Jubiläums nutzen und deutlich machen, dass der Gottesbezug im Grundgesetz nur mit der garantierten Glaubensfreiheit denkbar ist. Gerade dieses Jubiläum gibt uns die Chance zu zeigen, wie eng verflochten Judentum, Christentum und Islam in all ihren Glaubensausprägungen waren und sind.

Sommertheater

1. September 2012

Dieser Sommer war nicht nur wettermäßig durchwachsen. Auch kulturell gab es wenig Höhepunkte, dafür aber manche Untiefen. Einen kulturellen Tiefpunkt erreichte die documenta 13. Sie war piefig und uninspiriert. Das tat aber den Besucherströmen keinen Abbruch. Im Gegenteil, ein Besucherrekord jagte den nächsten. Und da die Masse nicht irren kann, wird die documenta 13 wohl als ein Erfolg bewertet werden.

Schon traditionell gehört zum Sommer der Aufreger zur Eröffnung der Wagner-Festspiele in Bayreuth. Die Wagners, die auch weiterhin mit Unterstützung der bayerische Staatsregierung und der Bundesregierung ihren familiären Egotrip auf dem Grünen Hügel ausleben dürfen, mauern standfest bei der Aufarbeitung der befleckten Geschichte der Festspiele.

Zum diesjährigen Sommertheater gehörte auch der Museumsstreit in Berlin. Von einer geplanten »Vertreibung« (!) der Berliner Gemäldegalerie aus ihrem Domizil am Potsdamer Platz schrieben aufgeregt die feuilletonistischen Edelfedern. Ausgelöst hat den kleinen Kulturkampf ein zehn Millionen Euro-Geschenk des Haushaltsausschusses des Deutschen Bundestags zur Umstrukturierung des Kulturforums am Potsdamer Platz. Einmal mehr hat der Haushaltsausschuss durch eine außerplanmäßige finanzielle Wohltat selbst, an den zuständigen Gremien vorbei, Kulturpolitik gemacht. Die aufgeregte Diskussion sollte den Haushaltspolitikern zu denken geben. Nicht nur die unmittelbar betroffenen Politiker muss es besonders zum Grübeln bringen, mit welcher Verve um den Verbleib der Gemäldegalerie an ihrem »angestammten« Platz gekämpft wird, obwohl das Publikum das Museum, das zeigen die Besucherzahlen, nie richtig angenommen hat. Auf den Punkt bringt es Thomas P. Campbell, Direktor des Metropolitan Museum of Art in New York, als er sagte »Für mich ist der verlorene, einsame Weg durch die weiten Hallen dieser außerordentlichen Gemäldesammlung immer wieder eine entmutigende Erfahrung.«

Diese Angst vor Veränderung konnte man vor einigen Wochen auch beim Streit um Umgestaltungen des WDR3-Programms erleben. Veränderungen sind aber notwendig, damit die kulturellen Angebote auch in der Zukunft, gerade auch bei der nachwachsenden Generation, auf Akzeptanz stoßen.

Und so ist die Bilanz des diesjährigen Sommertheaters eher uneinheitlich bis trübe. Zur schwachen documenta 13 kommen sehr viele Besucher, zur hervorragenden Berliner Gemäldesammlung kommen vergleichsweise wenig Besucher und zur Eröffnung der Wagner-Festspiele in Bayreuth kommt trotz alledem die Kanzlerin. Ich freue mich auf den Herbst.

Verrat

1. November 2012

Mit seinem neuen Buch »Der Wissenschaftswahn« hat der Biologe Rupert Sheldrake einmal mehr seine Wissenschaftskollegen gegen sich aufgebracht. Er argumentiert gegen ein rein materialistisches Weltbild und gegen die nach seiner Ansicht das freie Denken der Wissenschaftler behindernden Dogmen des Forschungsbetriebs. Heutige Naturwissenschaft, sagt er, beruht auf der Annahme, dass es nur eine materielle Wirklichkeit gibt und sonst nichts. Auch außerhalb der Naturwissenschaft hat diese materialistische Weltsicht längst den Status eines Dogmas erhalten. Einige Zeitgenossen setzen die Aufklärung, die Europa aus dem sprichwörtlich dunklen Mittelalter herausgezogen hat, kurzerhand mit dem materialistischen Weltbild gleich. Die Beschäftigung mit religiösen Fragen wird dann schnell, wegen des Verlassens der rein materialistischen Weltsicht, zur Preisgabe der Aufklärung uminterpretiert.

Bei der vor wenigen Wochen stattgefundenen Mitgliederversammlung des Deutschen Kulturrates wurde mir von einem sichtlich erregten Delegierten empfohlen, doch gleich zum Islam zu konvertieren, wenn wir mit den Veröffentlichungen von religiösen Themen in Politik & Kultur weiterhin die Aufklärung verraten würden. Ich finde, es ist eine spannende Frage, ob man die Aufklärung überhaupt verraten kann, denn hat nicht gerade die Aufklärung eine Befreiung von althergebrachten und überholten Vorstellungen und Ideologien zum Ziel? Verlangt nicht die Aufklärung selbst eine ständige Infragestellung auch von Errungenschaften der Aufklärung? Zumindest eine rein materialistische Welt, also eine Welt, in der nichts Geistiges existiert, sollte in Frage gestellt werden.

Zugegeben, in den letzten Jahren hat es in Politik & Kultur wiederholt Schwerpunktsetzungen auf religiöse Fragen gegeben. 2006 begann es mit der Artikelserie »Die Kirchen, die unbekannte kulturpolitische Macht«. Das Interesse unserer Leser hieran hat sogar die Debatte um die »Computerspiele als Kunstwerke« in den Schatten gestellt. Aus dieser Serie hat sich eine regelmäßige Beschäftigung mit dem Thema Religion entwickelt. Einen Höhepunkt stellt bislang die Beilage »Islam – Kultur – Politik« dar, die schon weit über eine Million Mal aus dem Netz geladen wurde. Demnächst folgt ein umfangreiches Dossier zum Judentum.

Religiöse Fragen haben in den letzten Jahren generell an Bedeutung gewonnen. Kultur und Religion sind immer sichtbarer miteinander verschmolzen. Selbst wer sich eine religionsbefreite Kultur wünscht, muss erkennen, dass dieser Wunsch reine Fiktion ist. Kulturpolitik kann nur mit einem tiefen Verständnis für religiöse Fragen gemacht werden.

Mythos

1. Januar 2013

Die Kulturpolitiker, egal welcher Partei sie auch immer angehören, sind eine verschworene Gemeinschaft, die sich untereinander einiger sind als mit ihren Parteifreunden außerhalb der kulturpolitischen Community. Die Interessenverbände der Künstler ziehen alle an derselben Seite des Strickes, wenn es um so wichtige Fragen geht wie das Urheberrecht oder die soziale Absicherung der Künstler. Alles nur ein Mythos? Ein Mythos, der auch deshalb aufrechterhalten wird, weil der Kulturbereich nichts mehr scheut als eine handfeste Auseinandersetzung über kulturpolitische und kulturwirtschaftliche Grundsatzfragen.

Wenn man einmal anfängt, an der schönen Fassade der Einigkeit ein bisschen herumzukratzen, wird schnell deutlich, dass hinter der vermeintlichen großen Eintracht oftmals nur große Sprachlosigkeit herrscht. Deutlich wurde diese zum Beispiel bei dem Kampf zwischen Clubbetreibern und GEMA. Aber auch bei so wichtigen Fragen, wie das Urheberrecht der digitalen Realität angepasst werden soll, herrscht zwischen den verschiedenen Kunstbereichen, der kulturellen Bildung, der Laien- und Soziokultur mitnichten Harmonie. Dass alle im Kulturbereich für eine 1:1-Übernahme des Urheberrechtes aus der analogen in die digitale Welt seien, ist eben genauso ein Mythos wie die Annahme, dass GEMA und die Clubbetreiber am selben Strick ziehen würden. Der Kulturbereich ist, glücklicherweise, zutiefst ausdifferenziert. Die Bedingungen, unter denen Künstler, Kultureinrichtungen und die Kulturwirtschaft arbeiten, unterscheiden sich von Genre zu Genre oft grundlegend. Viele Künstler und Kreative leben in ihrer eigenen Welt, die wenig Raum für das Interesse an anderen künstlerischen Welten lässt.

Aber in einer Zeit, in der die Verteilungskämpfe um das knapper werdende Geld im Kulturbereich immer stärker werden, ist es notwendig, sich der gemeinsamen Basis neu zu versichern. Deshalb muss um gemeinsame Positionen gerungen werden. Aber bevor man eine gemeinsame Position gefunden hat, ist es unabdingbar, die Unterschiede klar zu benennen. Worin unterscheidet sich die Kulturpolitik der SPD von der der Union oder der Grünen, welche Visionen haben der Arbeitgeberverband Deutscher Bühnenverein und die verschiedenen Theatergewerkschaften bei der zukünftigen Theaterfinanzierung wirklich?

Zuviel nur vorgespielte Harmonie schadet der Zukunftsfähigkeit. Deshalb lasst uns den Mythos der falschen Einigkeit begraben, lautstark und lustvoll um neue Positionen ringen, um dann, mit neuen zeitgemäßen Positionen, gemeinsam an einem Strick für die Kultur zu ziehen.

Think big!

1. März 2013

Wer als Kind oder Jugendlicher malt, singt oder Theater spielt, lernt ohne jeden Zweifel etwas Zauberhaftes kennen, das etwas von dem erleben lässt, was den Menschen wirklich ausmacht. Die Kunst, die man im besten Fall durch kulturelle Bildung kennenlernt, ist etwas zutiefst Geheimnisvolles, einer der wenigen Orte, die Schauer und Glück gleichermaßen verbinden. Jedes Kind in Deutschland hat ein Recht darauf, eine solche magische Welt kennenzulernen. Doch in unseren Schulen und im außerschulischen Bereich wird dieses Recht oftmals mit Füßen getreten. Ich meine damit den chronischen Unterrichtsausfall im Musik- und Kunstunterricht. Angebote zum Theaterspielen sind sowieso ein Luxus, den sich nur wenige Schulen leisten. Ich meine den Deutschunterricht, der oftmals gerade nicht die magische Welt der Literatur erleben lässt. Ich meine den Physikunterricht, der von Quarcks, Schwarzen Löchern und unendlichen vielen Paralleluniversen berichtet, ohne die magische Dimension dieser Ideen zu vermitteln. Ich meine auch den außerschulischen Musikunterricht, der für benachteiligte Kinder und Jugendliche oft in unerreichbarer Ferne liegt.

Besonders in der Schule, dem einzigen Ort, den alle Kinder besuchen (müssen), egal woher sie kommen, können Künstler, als die Experten fürs Magische, hilfreiche Dienste bei der kulturellen Bildung leisten. Das ist mitnichten eine neue Idee und schon gar nicht meine. Schon seit Jahrzehnten wird der Einsatz von Künstlern im Unterricht mit dutzenden Modellprojekten getestet. Gerade läuft das »Kulturagentenprogramm« der Kulturstiftung des Bundes und der Mercator-Stiftung, ein großangelegtes Modellprojekt zum Einsatz von Künstlern an Schulen, so richtig an.

Aber all diese erstklassigen Projekte sind bislang nur zeitlich und räumlich begrenzte Luftschlösser gewesen, äußerst hübsch anzusehen, aber offensichtlich für den flächendeckenden Einsatz an Schule ungeeignet. Was helfen so ambitionierte Programme wie »Jedem Kind ein Instrument«, wenn selbst dieses hymnisch von der Politik gefeierte Programm nicht einmal in einem Bundesland flächendeckend umgesetzt wird.

Wie lange sollen Kinder und Jugendlichen denn noch warten, um die kulturellen Bildungsangebote zu erleben, die wir seit Jahren in den Modellprojekten bejubeln? Manchmal beschleicht mich der Verdacht, dass einige Vertreter der kulturellen Bildung sich wohnlich in der Welt der Modellprojekte eingerichtet haben und das Ziel »Kulturelle Bildung für alle« aus den Augen verloren haben. Wir brauchen ein Ende der Bescheidenheit bei der kulturellen Bildung. Think big!

Exoten

1. Mai 2013

Ob sich Geschichte wiederholt, ist umstritten, dass es aber immer wieder deutliche Parallelen in der Geschichte gibt, scheint mir jedoch sehr sicher zu sein. Eine solche zeitversetzte Parallelentwicklung ist die Situation der Kulturpolitiker im Deutschen Bundestag vor 20 Jahren und die der sogenannten Netzpolitiker heute.

Nachdem in den letzten Regierungsjahren von Helmut Kohl im Deutschen Bundestag auch der Unterausschuss Kultur des Innenausschusses auf Druck einiger Bundesländer abgeschafft wurde, fühlten sich die Kulturpolitiker über alle Parteigrenzen hinweg als eine kleine Gruppe von Enthusiasten, die von ihren eigenen Fraktionen im Stich gelassen wurden. Untereinander sprach man sich regelmäßig den Trost zu, den man bei den eigenen Parteifreunden so schmerzlich vermisste.

Heute fühlen sich die Netzpolitiker, auch eine über die Parteigrenzen im Bundestag aktive verschworene Gemeinschaft von Digitalexperten, wie damals die Kulturpolitiker, von ihren Fraktionen verlassen. Ihr gerade erst verlorener Kampf gegen das neue Leistungsschutzrecht für Presseverlage hat ihnen ihre Ohnmacht deutlich vor Augen geführt.

Es ist noch nicht so lange her, da wurden die Netzpolitiker von ihren Fraktions- und Parteispitzen als eine Art Geheimwaffe gegen den Aufstieg der Piratenpartei gefeiert. Doch Beifallsstürme und politische Macht sind zwei vollkommen verschiedene Dinge im politischen Berlin.

Doch den Exotenstatus haben sich die Netzpolitiker teilweise auch mühevoll erarbeitet. Die Kommunikation – oder besser Sprachlosigkeit – mit der Welt außerhalb des Internets der Enquete-Kommission »Internet und digitale Gesellschaft« des Deutschen Bundestages, in der es von Netzpolitikern nur so wimmelte, ist ein beredtes Beispiel dafür, wie man sich selbst einigeln kann. Doch auch hier sind die Parallelen zu den Kulturpolitikern des Bundestags vor zwei Jahrzehnten sehr auffallend.

1998 wurde die kulturpolitische Türe endlich aufgestoßen. Ein Kulturausschuss im Deutschen Bundestag kontrolliert seitdem die Arbeit des neu erfundenen Amtes des Kulturstaatsministers. Heute, 15 Jahre später, ist die Kulturpolitik auf der Bundesebene den Kinderschuhen längst entwachsen. Niemand stellt ernsthaft die Verantwortung auch des Bundes für kulturpolitische Fragen infrage. Im Gegenteil, es wird darüber diskutiert, ob die Zeit für die Etablierung eines richtigen Kulturministeriums auf Bundesebene nicht gekommen ist.

Die Netzpolitiker werden, da bin ich sicher, einen ähnlichen Weg gehen. Vielleicht wäre es politisch klug, wenn die Kulturpolitiker die Netzpolitiker einladen würden, den Weg in der Zukunft öfter zusammen zu gehen.

Feiertag

1. Juli 2013

2017, das Jubiläumsjahr 500 Jahre Reformation, rückt näher. Seit fast fünf Jahren begleitet der Deutsche Kulturrat die Vorbereitungen mit einer festen Kolumne in dieser Zeitung. Ende Mai durfte ich als Gast an der Sitzung des Lenkungsausschusses des Reformationsjubiläums, der die staatlichen und kirchlichen Partner koordiniert, in Worms teilnehmen. Es ist ein erster Erfolg, wenn Staat und Kirche durch diese Einladung ihre grundsätzliche Bereitschaft zur Kooperation mit der Zivilgesellschaft zu erkennen geben.

Dies ist auch bitter nötig, denn Staat und Kirche haben sich bei der Durchführung der Reformationsjubiläen der letzten knapp zweieinhalb Jahrhunderte nicht gerade mit Ruhm bekleckert. 1983 zum 400. Geburtstag Martin Luthers avanciert der Reformator unversehens zum Gründungsvater des Deutschen Reiches. Mit Luther habe der politische und kulturelle Aufstieg der Deutschen zur Nation begonnen, der mit dem Deutsch-Französischem Krieg und der Reichseinigung erfolgreich vollendet wurde. 1917, bei den Feierlichkeiten zu 400 Jahre Thesenanschlag, gilt Luther als der Retter der Deutschen in großer Not. Deutschland befindet sich im dritten Kriegsjahr und die Reformationsfeierlichkeiten werden genutzt, um Luthers »unbeugsamen Kampfeswillen« und sein »Gottvertrauen« als nationales Vorbild zu missbrauchen und besonders den Hass auf den »Erbfeind« Frankreich zu schüren. 1933 zum 450. Geburtstag behaupten die »Deutschen Christen«, Luther sei der gottgesandte Vorbote des Führers gewesen. 1946 zum 400. Todestag mutiert Luther zum besten Tröster »seiner Deutschen«. 1983 zu Luthers 500. Geburtstag brach ein Wettkampf der Systeme, Ost gegen West, aus. Alle bisherigen Luther-Jubiläen sind durch eine zweifelhafte Nähe von Staat und Kirche gekennzeichnet. Auch die Reformationsfeierlichkeiten 2017 stehen noch unter diesem Vorzeichen. Als vor eineinhalb Jahren die Evangelische Kirche und der Kulturstaatsminister die Kampagne für das Reformationsjubiläum vorstellte, schien es ihnen noch nicht sonderlich peinlich zu sein, dass Staat und Kirche auch dieses Mal in trauter Zweisamkeit, ohne Einbindung der Zivilgesellschaft, agierten.

Der 31. Oktober 2017 soll jetzt zum bundesweiten gesetzliche Feiertag erklärt werden. Eigentlich eine gute Idee, wenn er nicht fatal an den kaiserlichen Erlass erinnern würde, das der 400. Geburtstag Luthers 1883 in ganz Deutschland begangen werden muss. Staat und Evangelische Kirche müssen verstehen, dass es mehr braucht als einen Feiertag, um eine zeitgemäße Erinnerung an eines der größten Ereignisse in der Geschichte zu finden.

Gedanken

1. September 2013

»Die Gedanken sind frei, wer kann sie erraten? Sie fliehen vorbei wie nächtliche Schatten. Kein Mensch kann sie wissen, kein Jäger erschießen mit Pulver und Blei: Die Gedanken sind frei!« Um 1780 soll dieses Lied zum ersten Mal auf Flugblättern veröffentlicht worden sein. In den Jahrhunderten nach seiner Veröffentlichung hat dieser Gesang, teilweise mit textlichen Abwandlungen, immer für Meinungsfreiheit gestanden und den einzigen für die Obrigkeit unüberwindlichen Freiraum des Menschen, seine Gedankenwelt, besungen.

Jetzt steht auch dieses letzte Bollwerk absoluter individueller Freiheit vor dem Fall. Natürlich hätten wir es wissen können, nicht nur nach George Orwell »1984« oder Terry Gilliams »Brazil«. Auch neuere Hollywoodproduktionen wie Steven Spielbergs »Minority Report«, der auf einer Geschichte von Philip K. Dick basiert, haben uns eindringlich gewarnt. Auch unsere Gedanken sind letztlich nicht mehr geheim.

Das Netz der Überwachung scheint immer lückenloser zu werden. In diesem Sommer habe ich zum ersten Mal keinen Stempel mehr in meinen Reisepass bei der Einreise nach Israel erhalten. Nicht mehr nötig, denn die Sicherheitsapparate der Staaten wissen längst, wohin ich reise, wie lange ich bleibe. Und sie tauschen ihre Daten weltweit aus, natürlich nur zu unserem Schutz. Aber diese perfektionierten Grenzkontrollen sind nicht das wirkliche Problem. Das Problem entsteht, wenn meine Reisedaten mit meinen Lesegewohnheiten, fein säuberlich nachweisbar bei Amazon, mit meinen Google-Suchanfragen und meinen Spotify-Streams in Beziehung gesetzt werden. Über meine IP-Adresse ist mein Surfverhalten im Netz sowieso schon längst bekannt und meine E-Mails werden vollständig erfasst. Aus diesem Konglomerat aus persönlichen Informationen und meinem Nutzerverhalten im Netz und meinen Bewegungsprofilen im realen Reiseleben kann man nicht nur ablesen, was ich gerade tue oder getan habe, man kann auch meine Gedanken deuten.

Drei mögliche Einwände gegen meine Besorgnis fallen mir selbst ein. Erstens: Es wird nicht alles gemacht, was möglich ist. Zweitens: Wer nichts Böses getan hat, braucht eine Überwachung nicht zu fürchten. Und drittens: Das ist doch nur eine romantische Vorstellung, dass die Gedanken absolut frei seien.

Aber sind wir realistisch, es wird alles gemacht, was möglich ist, ob wir als böse oder gut gelten, entscheiden wir nicht selbst, und das zumindest die Gedanken frei bleiben müssen, ist der Kern unseres aufgeklärten Gemeinwesens. Deshalb weiter im Lied: »Mein Wunsch und Begehren kann niemand verwehren, es bleibet dabei: Die Gedanken sind frei!«

Wunden

1. November 2013

Als Anfang Oktober Urban Priol und Frank-Markus Barwasser, alias Erwin Pelzig, sich aus der ZDF-Kabarett-Sendung »Neues aus der Anstalt« zurückzogen, wurde es einmal mehr spürbar. Tiefe Ernüchterung und Resignation durchwehte selbst das Politische Kabarett. Überall befinden sich, landauf und landab, die Intellektuellen auf dem Rückzug ins Private, sie haben, so scheint es, ihre utopische Kraft verloren.

Und auch im Deutschen Kulturrat fällt es manchmal schwer, noch an politische Utopien zu glauben. Über den Satz in unserer jüngsten Stellungnahme: »In Kunst und Kultur werden Utopien entwickelt ...«, wurde heftig gestritten. Sind Utopien nicht reine Traumtänzerei von gestern, leben wir nicht in einer utopiefreien Welt? Verweigern sich nicht gerade zeitgenössische Künstler mit ihrer Kunst bewusst jeder Utopie? Erst eine Kampfabstimmung stellte klar, dass eine Mehrheit der Delegierten im Deutschen Kulturrat auch weiterhin Entwürfe für eine fiktive Gesellschaftsordnung für möglich halten und Kunst und Kultur dabei eine wichtige Rolle zuweisen.

Gesellschaftliche Utopien sind, zumindest in ihren politischen Wirkungen, eben nicht nur eine versponnene Fingerübungen für Philosophen, sie sind ein unabdingbares Korrektiv, eiternde offene, heftig schmerzende Wunden im Fleisch der realen gesellschaftlichen Verhältnisse. Seit dem Zusammenbruch des Ostblocks steht nicht nur das kapitalistische System als vermeintlicher geschichtlicher Sieger fest, sondern auch die politischen Utopien, die versponnenen, die naiven, die gefährlichen und auch die fast denkbaren sind alle gleich mit begraben worden.

Die Wunden haben sich fein säuberlich geschlossen. Die gesellschaftliche Alternativlosigkeit führt letztlich, mangels gedanklichen Widerstands, zu einem omnipotenten, sich überdrehenden Kapitalismus, dessen zerstörerische Wirkungen besonders die Menschen in Afrika erleiden müssen. Aber auch wir in Europa sind Betroffene der zügellosen Gewinnmaximierung weniger auf dem Rücken vieler, die in der Bankenkrise ein erstes deutliches Gesicht erhalten hat.

Wenn ich den letzten Absatz lese, muss ich mich selbst vor mir erschrecken. Nun bin ich bald Mitte 50 und schreibe wieder so wie vor mehr als 30 Jahren. Eigentlich hätten sich die Flausen doch auswachsen müssen in den Jahrzehnten. Aber vielleicht ist ein Leben ohne das Streben nach einer besseren, gerechteren, einer menschlicheren Gesellschaft eben nicht wirklich befriedigend.

Ich sehne mich nach neuen schmutzigen, nässenden, einfach nicht heilen wollenden Wunden.

Nützlich

1. Januar 2014

Der Bologna-Prozess an den deutschen Universitäten ist gescheitert, weil die Ziele der Reform, eine europaweite Harmonisierung von Studiengängen und eine sich daraus ergebende größere Mobilität der Studierenden, nicht erreicht wurde.

Ganz im Gegenteil, durch eine extreme Individualisierung gehen gerade viele deutsche Hochschulen unter dem Deckmäntelchen des Bologna-Prozesses eigene Wege, die einen Wechsel der Studierenden an andere Hochschulen oftmals unmöglich machen. Ein Beispiel für diese extreme Individualisierung sind die vielfach angebotenen Kulturmanagement-Studiengänge in Deutschland. Jeder kocht sein eigenes »akademisches« Süppchen.

Letztlich haben sich große Teile des universitären Betriebs einer engen Logik, der unmittelbaren Verwertbarkeit einer akademischen Ausbildung im Berufsleben, ergeben. Doch eine universitäre Ausbildung bildet eben nicht für das praktische Leben aus, sondern legt die Grundlage, um in ganz unterschiedlichen, inhaltlich anspruchsvollen Bereichen Fuß fassen zu können.

Jemand, der die Universität mit einem Master oder der Promotion verlässt, hat seine Ausbildung nicht abgeschlossen, sondern die Grundlagen für eine praktische Ausbildung gelegt. Aber er ist eben nicht auf ein enges Berufsfeld festgelegt, sondern kann mit seinem universalen Grundwissen in der gesamten Breite der Tätigkeitsfelder auf die Suche nach seiner Traumbeschäftigung gehen. Je enger das Ausbildungsziel definiert wird, desto unsinniger ist es, dass es an Universitäten angeboten wird. Für enge, berufsspezifische Ausbildungen haben sich die Fachhochschulen und das duale Ausbildungssystem in Deutschland bestens bewährt.

Es ist ein Irrweg, dass wir Gymnasiasten geradezu in die Universitäten zwingen, auch wenn sie keinen wissenschaftlichen Erkenntniswunsch haben. Der Besuch einer Hochschule wird von vielen als die Voraussetzung für einen erfolgreichen Berufseinstieg gesehen, obwohl, wenn wir ehrlich sind, viele Berufe, auch im Kulturbereich, eine universitäre, also wissenschaftliche Ausbildung nicht benötigen. Brauchen zum Beispiel Kulturmanager eine wissenschaftliche Ausbildung, um im Kulturmarketing, Fundraising, Rechnungswesen, Projektmanagement und in der Öffentlichkeitsarbeit fit zu sein? Eine Ausbildung an einer Fachhochschule, in einem Ausbildungsbetrieb oder durch ein Volontariat ist zielorientierter.

Durch die Vermischung der wissenschaftlichen und der berufspraktischen Ausbildung schaden wir beiden Bereichen und machen nur einige Professoren glücklich.

Wächter

1. März 2014

In dieser Legislaturperiode ist die Opposition im Deutschen Bundestag prozentual so schwach wie seit 40 Jahren nicht mehr. Sie wird es sehr schwer haben als organisierte parlamentarische Minorität, die Gegenkraft zur Regierung zu bilden. Doch die kleine Oppositionstruppe im Bundestag muss nicht verzweifeln, denn es gibt auch eine Welt außerhalb des Parlaments. Natürlich kann man dort keine Kleinen und Großen Anfragen an die Regierung richten, keine Untersuchungsausschüsse einrichten und kein konstruktives Misstrauensvotum stellen, aber man kann dort die Arbeit der Regierung kritisch begleiten und dort, wo es notwendig ist, auch scharf kritisieren und damit korrigieren.

Der organisierten Zivilgesellschaft, also auch dem Deutschen Kulturrat und seinen 236 ihm verbundenen Bundeskulturverbänden und bundesweit tätigen Organisationen, kommt in dieser Legislaturperiode eine besondere außerparlamentarische Wächterfunktion zu. Um diese für unsere Demokratie absolut notwendige Kontrolle der Regierung durch die organisierte Zivilgesellschaft überhaupt möglich zu machen, müssen wir aber eine Reihe von Voraussetzungen mitbringen.

Es ist notwendig, eigene politische Ideen über den eigenen unmittelbaren Interessenbereich hinaus zu entwickeln, um auch an ihnen die Vorschläge und Maßnahmen der Regierung messen zu können. Dafür ist es erforderlich, über gesellschaftspolitische Ziele zu debattieren und manchmal auch zu streiten. Diese politischen Diskussionen müssen aber ernsthaft geführt werden, wir sollten deshalb den »Fishbowl«- und »Weltcafé«-Unsinn beenden, der bei immer mehr kultur- und bildungspolitischen Tagungen um sich greift. Diese gruppendynamischen Spielereien führen regelmäßig zur Unschärfe einer Debatte.

Zum anderen müssen wir uns bewusst sein, dass wir als legitimierte zivilgesellschaftliche Vertreter des Kulturbereichs natürlich nicht für die ganze Gesellschaft sprechen können. Unser Ziel muss es sein, mit zivilgesellschaftlichen Vertretern anderer gesellschaftlicher Felder, wie dem Sozial-, Umwelt- und Sportbereich, eng zu kooperieren, um gemeinsam unseren Legitimitätsbereich zu erweitern. In dem »Bündnis für Gemeinnützigkeit« sind wir in den letzten Jahren bereits wichtige Schritte zu mehr Zusammenarbeit erfolgreich gegangen.

Die Bundesregierung kann gute Politik gerade wegen ihrer überdeutlichen Mehrheit im Bundestag für uns alle machen, sie kann aber auch großen politischen Unsinn schnell über die parlamentarischen Hürden bringen. Es ist unsere Aufgabe aufzupassen!

Obrigkeit

1. Mai 2014

Untertanen schuldeten ihrer Obrigkeit Gehorsam. Für mich war das immer ein Satz aus ferner Vergangenheit. In einem demokratischen Staat gibt es keine Obrigkeit und natürlich schon überhaupt keine Untertanen. Doch in den letzten Jahren überkommt mich immer öfter ein Zweifel, ob das eigentlich wirklich so ist.

Obrigkeit funktioniert ja nur, wenn sie von den Untertanen letztlich anerkannt wird. Aber der Vorgang ist kompliziert und nicht gradlinig. Jochen Klepper, der von mir hoch verehrte Lieddichter und Schriftsteller, ist für mich eines dieser komplexen Beispiele. »Könige müssen mehr leiden können als andere Menschen«, diesen Ausspruch von Friedrich Wilhelm I. stellte Klepper seinem literarischen Hauptwerk »Der Vater« voran. Noch einen Tag vor seinem Selbstmord, gemeinsam mit seiner Frau und seiner Stieftochter, traf er den SS-Sturmbandführer Adolf Eichmann, hoffte verzweifelt darauf, dass die Obrigkeit doch noch gnädig ist. Im Mai 1939 hatte Klepper sein neues Haus in Berlin-Nikolassee bezogen. Er, der bereits zwei Jahre zuvor aus der Reichsschrifttumskammer ausgeschlossen wurde, baute ein Haus für seine jüdische Frau, seine Stieftochter und sich selbst inmitten eines Wohngebietes vollgestopft mit Nazigrößen. Bestürzt musste er feststellen, dass die Obrigkeit kein Diener im Staat war, sondern ein Raubtier.

Nach der Erfahrung des Faschismus änderte sich das Verhältnis zwischen Untertan und Obrigkeit in Deutschland nicht sofort, aber in den Jahrzehnten letztlich doch fundamental. Doch diese Errungenschaft wird brüchig. Es gibt eine Wandlung im Staatsverständnis. Wessis und Ossis sehen den Staat mit je anderen Augen. Die unterschiedliche Sozialisation ist prägender als viele es wahrhaben wollen.

Künstlern wird gerne eine besondere Distanz zur Obrigkeit nachgesagt, doch das ist ein Märchen. Gerade haben nicht wenige russische Künstler ihre Verehrung für Putin wegen seines Handelns in der Krim-Krise kundgetan. Doch das ist beileibe kein russisches Phänomen. Ergebenheit von Kulturschaffenden gegenüber der Obrigkeit zieht sich wie ein roter Faden durch die jüngste Geschichte. Jubelnde Maler vor dem Ausbruch des Ersten Weltkrieges, schleimende Schauspieler in Goebbels Faschismus-Theater, spitzelnde Literaten im SED-Staat.

Mit dem Beginn des Ersten Weltkrieges vor 100 Jahren hat die Monarchie in Deutschland den Anfang ihres Endes gesehen. Vor 25 Jahren, mit dem Fall der Mauer, hat die letzte Diktatur auf deutschem Boden ihr Ende gefunden. 2014 wird uns mit der Erinnerung an diese beiden Ereignisse begleiten. Wir sollten die Chance nutzen, auch über unser Verhältnis zur Obrigkeit neu nachzudenken.

Likrat

1. Juli 2014

Vor neun Jahren hatte ich in dieser Zeitung geschrieben, dass das Denkmal für die ermordeten Juden Europas in Berlin gescheitert ist, weil der Architekt Peter Eisenman die künstlerische Aufgabe nicht bewältigt hat. Gescheitert ist das Denkmal aber besonders, das ist damals wie heute meine Meinung, an dem Anspruch seiner Initiatoren »ihren« Erinnerungsort zu schaffen, größer, pompöser, eindrucksvoller als alle Mahnmale in Deutschland vorher. Jetzt bröckeln die 2.700 Betonstelen – kein Jahrzehnt nach ihrer Installierung – vor sich hin, einige werden durch doppelte graue Metallbänder notdürftig stabilisiert. Selten bleibt einem die eigene Überheblichkeit mehr im Halse stecken, als gerade bei diesem Thema das Gefühl zu haben, Recht zu behalten.

Was soll jetzt geschehen, entweder man sichert die Stelen mit den »Fassreifen«, was dem Werk jede künstlerische Klarheit nimmt, oder man wechselt alle kaputten Stelen regelmäßig gegen neue aus, was wohl fast unbezahlbar wird, oder aber man lässt das Mahnmal langsam zerfallen, was bei diesen Thema eigentlich undenkbar ist.

Diametral diesen Erfahrungen steht das Programm »Likrat« gegenüber. Das hebräische Wort steht für »auf einander zu«, und fasst ein Schulprojekt in Baden-Württemberg, Bayern und Nordrhein-Westfalen zusammen, bei dem jüdische Jugendliche in Schulen gehen und über ihr Judesein berichten. Für viele Schüler ist dieses Zusammentreffen mit Juden der erste Kontakt zu einer bislang unbekannten Welt. Es geht dabei um viel mehr als antisemitischen Ressentiments entgegen zu wirken, es geht um ein Verständnis von in Deutschland existierender jüdischer Kultur. »Wie leben Juden eigentlich, was ist koscher, warum werden jüdische Jungen beschnitten, warum ist Samstag statt Sonntag frei?«, sind einige der typischen Fragen der Schüler.

Gerne wollen die Initiatoren das erfolgreiche Projekt über die drei Bundesländer ausweiten. Neben Schulen könnten auch die betrieblichen Ausbildungsstätten von großen Unternehmen und Kultur- und Sportvereinen gute Orte für »Likrat« sein. Doch im Moment ist noch nicht einmal klar, ob das Projekt Ende des Jahres noch existiert, da wie immer das Geld fehlt.

Vor neun Jahren schrieb ich, dass die wirklichen Erinnerungsorte nah beim Denkmal für die ermordeten Juden Europas liegen, wie die »Topografie des Terrors« und das ausgezeichnete Jüdische Museum. Heute möchte ich dieser Aufzählung »Likrat« hinzufügen. Und wenn man mich fragt, ob es besser ist »Likrat« dauerhaft zu finanzieren, als immer wieder neue Stelen zu gießen, dann sage ich ja, obwohl ich weiß, was das bedeutet.

Kulturpolitisches Glossar

12. Rundfunkänderungsstaatsvertrag

Der 12. Rundfunkänderungsstaatsvertrag wurde nach Abschluss des sogenannten Beihilfekompromiss zwischen der EU-Kommission und der Bundesrepublik Deutschland geschlossen. Zuvor hatte der Verband Privater Rundfunk und Telemedien (VPRT) bei der EU-Kommission Beschwerde eingelegt und prüfen lassen, ob es rechtmäßig sei, dass der öffentlich-rechtliche Rundfunk aus Gebühren Online-Angebote finanziert. Aus Sicht des VPRT handelt es sich bei dieser Finanzierung um eine unzulässige Beihilfe. Die Bundesrepublik Deutschland und die EU-Kommission schlossen den Kompromiss, dass die Telemedienangebote der öffentlich-rechtlichen Rundfunkanstalten staatsvertraglich genauer beschrieben werden. Im 12. Rundfunkänderungsstaatsvertrag haben die Bundesländer klargestellt, dass Angebote der öffentlich-rechtlichen Rundfunkanstalten sowie begleitende Materialien in der Regel nur sieben Tage nach der Sendung im Internet zugänglich gemacht werden dürfen. Angebote, die länger bereitgehalten werden sollen, müssen durch ein sogenanntes Telemedienkonzept der Rundfunkanstalten abgedeckt und einen Drei-Stufen-Test durchlaufen haben. Zeit- und kulturgeschichtlich relevante Inhalte können, sofern ein entsprechendes Telemedienangebot der Rundfunkanstalt vorliegt, länger im Internet bereitgehalten werden. Die öffentlich-rechtlichen Rundfunkanstalten mussten in Folge des 12. Rundfunkänderungsstaatsvertrags, der am 01. Januar 2009 in Kraft trat, Depublizierungsroutinen entwickeln. Weiter wurde im 12. Rundfunksstaatsvertrag geregelt, dass sich die öffentlich-rechtlichen Rundfunkanstalten in ihren wirtschaftlichen Bereichen marktkonform verhalten müssen.

A

Akademie der Künste in Berlin

Die Akademie der Künste wurde 1696 in Berlin gegründet. Sie gehört zu den ältesten europäischen Kulturinstituten. Die Akademie der Künste ist eine internationale Gemeinschaft von Künstlern, die je nach künstlerischer Arbeit einer der Sektionen (Bildende Kunst, Baukunst, Musik, Literatur, Darstellende Kunst, Film- und Medienkunst) angehören. Die Akademie der Künste hat die Aufgabe, die Künste zu fördern und die Sache der Kunst der Gesellschaft zu vermitteln. Im Gesetz zur Errichtung der Akademie der Künste aus dem Jahr 2005 ist die internationale Bedeutung der Akademie der Künste ebenso festgelegt wie ihr Beratungsauftrag der Bundesrepublik Deutschland in Sachen der Kunst und Kultur. Mit dem Gesetz zur Errichtung der Akademie der Künste hat der Bund auch die Finanzierung dieser Einrichtung übernommen, die zuvor von den Ländern Berlin und Brandenburg finanziert worden war. Mit Ausstellungen und Veranstaltungen präsentiert die Akademie der Künste künstlerische Positionen. Die Akademie der Künste verfügt über 1200 Künstlernachlässe und damit ein bedeutendes, interdisziplinäres Archiv zur Kunst des 20. Jahrhunderts.
www.adk.de

Alexander von Humboldt Institut für Internet und Gesellschaft

Das Alexander von Humboldt Institut für Internet und Gesellschaft besteht seit dem März 2012. Gegründet wurde es von der Humboldt-Universität zu Berlin, der Universität der Künste Berlin und dem Wissenschaftszentrum Berlin für Sozialforschung als unabhängiges Forschungsinstitut. Das Hans-Bredow-Institut für Medienforschung in Hamburg ist integrierter Kooperationspartner. Ziel des Alexander von Humboldt Institut für Internet und Gesellschaft ist die innovative und impulsgebende wissenschaftliche Forschung zu Internet und Gesellschaft. Es widmet sich insbesondere dem Transformationsprozess der Gesellschaft durch das Internet. In seiner interdisziplinären Arbeit kooperiert das Institut mit verschiedenen akademischen Institutionen und strebt die Zusammenarbeit mit gesellschaftlichen Gruppen an. Ein wichtiges Anliegen ist die Förderung von Nachwuchswissenschaftlern, um so innovative Internetforschung zu gewährleisten. Das Institut ist Teil des »International Network of Internet & Society Research Centers« und fungiert als Anlaufstelle deutscher Akademiker.
www.hiig.de

Alexander von Humboldt-Stiftung

Die Alexander von Humboldt-Stiftung ist eine Mittlerorganisation der Auswärtigen Kultur- und Bildungspolitik. Sie vergibt Stipendien an ausländische Wissenschaftler,

die in Deutschland forschen und fördert Forschungsaufenthalte deutscher Wissenschaftler im Ausland.
www.humboldt-foundation.de

Arbeitsbeschaffungsmaßnahmen
Mit Hilfe von Arbeitsbeschaffungsmaßnahmen sollten Arbeitslose in den Arbeitsmarkt integriert werden. Sie wurden aus Mitteln der Bundesagentur für Arbeit finanziert und waren meist auf sechs bis zwölf Monate befristet. Träger von Arbeitsbeschaffungsmaßnahmen waren vielfach gemeinnützige Organisationen aus den Sozialen Diensten aber auch dem Kultursektor. In den 1990er-Jahren waren insbesondere in Ostdeutschland Arbeitsbeschaffungsmaßnahmen weit verbreitet und bildeten einen zweiten, durch Mittel der Agentur für Arbeit geförderten Arbeitsmarkt. Infolge der sogenannten Agenda 2010 wurden zahlreiche Reformen der Arbeitsförderung verabschiedet, die unter anderem dazu führten, dass die Zahl der Arbeitsbeschaffungsmaßnahmen deutlich gesenkt wurde. Das Instrument der Arbeitsbeschaffungsmaßnahme wurde zum 1. April 2012 abgeschafft.

Arbeitsgelegenheit mit Mehraufwandsentschädigung
Die Arbeitsgelegenheiten mit Mehraufwandsentschädigungen, auch Ein-Euro-Jobs genannt, erhielten im Zuge der Arbeitsmarktreformen im Jahr 2004 größere Aufmerksamkeit. Auch wenn es bereits zuvor im Bundessozialhilfegesetz Regelungen zu Arbeitsgelegenheiten gab, wurde das Instrument erst im Zusammenhang mit den oben genannten Arbeitsmarktreformen breit bekannt und diskutiert. Geregelt sind die Arbeitsgelegenheiten mit Mehraufwandsentschädigungen in § 16 d Sozialgesetzbuch II. Arbeitsgelegenheiten mit Mehraufwandsentschädigungen richten sich an Empfänger von Arbeitslosengeld II. Sie können für die Ausübung von Arbeitsgelegenheiten eine Mehraufwandsentschädigung bis zu 1,50 Euro erhalten. Bei den Arbeitsgelegenheiten muss es sich um Arbeiten im öffentlichen Interesse handeln. Sie müssen wettbewerbsneutral sein, dürfen also Erwerbstätigkeit im ersten Arbeitsmarkt weder ersetzen noch verdrängen.

Auslandskulturarbeit der Kirchen
Zur Auslandskulturarbeit der Kirchen gehört die Betreuung deutscher katholischer und evangelischer Gemeinden im Ausland. Neben der Seelsorge und Verkündigung spielt im Gemeindeleben die gemeinsame Kultur eine wesentliche Rolle. Daneben ist die Evangelische Kirche in Deutschland (EKD) mit einer Reihe protestantischer Kirchen im Ausland partnerschaftlich verbunden und pflegt hier auch den Kulturaustausch. Die Katholische Kirche in Deutschland ist Teil der weltumspannenden römisch-katholischen Kirche.

Ausschuss für Kultur und Medien des Deutschen Bundestages
Der Ausschuss für Kultur und Medien des Deutschen Bundestags ist ein regulärer Bundestagsausschuss. Er berät kulturspezifische Vorhaben des Deutschen Bundestags und verabschiedet Beschlussempfehlungen für das Parlament. In vielen die Kulturbereiche betreffenden Belangen, wie z. B. dem Urheberrecht oder dem Künstlersozialversicherungsrecht, bei denen die Federführung der parlamentarischen Beratung bei einem anderen Ausschuss des Deutschen Bundestags liegt, berät der Ausschuss für Kultur und Medien des Deutschen Bundestags mit. Der oder die Staatsministerin im Bundeskanzleramt, Beauftragte für Kultur und Medien der Bundesregierung, berichtet dem Ausschuss für Kultur und Medien regelmäßig über die kulturpolitischen Vorhaben der Bundesregierung.
www.bundestag.de

Auswärtige Kultur- und Bildungspolitik
Die Auswärtige Kultur- und Bildungspolitik (AKBP) ist eine der drei Säulen der Auswärtigen Politik. Zur AKBP gehört die Präsentation von Kultur aus Deutschland im Ausland sowie von Kultur aus dem Ausland im Inland. Weitere wichtige Standbeine der AKBP sind die Vermittlung der deutschen Sprache sowie die Unterstützung von Auslandsschulen, die Unterstützung des akademischen Austausches durch die Ermöglichung von Forschungsaufenthalten deutscher Wissenschaftler im Ausland und vice versa ausländischer Wissenschaftler in Deutschland. Weiter werden im Rahmen der AKBP Mittel für den Er-

halt materiellen und immateriellen Kulturguts im Ausland bereitgestellt. Zur AKBP gehört auch die internationale Sportförderung. Innerhalb der Bundesregierung liegt die vornehmliche Verantwortung für die AKBP beim Auswärtigen Amt. Das Auswärtige Amt arbeitet in der Umsetzung der AKBP mit den Mittlerorganisationen zusammen. Das Auswärtige Amt bezeichnet die nachfolgenden Institutionen als seine wichtigsten Partner bei der Umsetzung der AKBP: Goethe-Institut (GI), Deutscher Akademischer Austauschdienst (DAAD), Alexander von Humboldt-Stiftung (AvH), Institut für Auslandsbeziehungen (ifa), Bundesverwaltungsamt – Zentralstelle für das Auslandsschulwesen (ZfA), Pädagogischer Austauschdienst (PAD), Deutsche UNESCO-Kommission (DUK), Deutsches Archäologisches Institut (DAI), Bundesinstitut für Berufsbildung (BIBB), Max Weber Stiftung – Deutsche Geisteswissenschaftliche Institute im Ausland (MWS), Kulturstiftung des Bundes (KSB), Haus der Kulturen der Welt (HKW).

Auswärtige Kulturpolitik

→ Auswärtige Kultur- und Bildungspolitik

B

Baukultur

Im Begriff Baukultur werden die planerischen, gestalterischen und künstlerischen Aspekte der Gestaltung der Umwelt zusammengefasst. Zur Baukultur gehören sowohl die stadtplanerischen als auch die architektonischen Disziplinen. Die im Jahr 2006 errichtete Bundesstiftung Baukultur hat zum Ziel, den öffentlichen Diskurs und das gesellschaftliche Bewusstsein für die Qualität der gebauten Umwelt zu verstärken. Verbände aus den Bereichen Baukultur und Denkmalpflege haben sich im Rat für Baukultur zusammengeschlossen.

Bayreuther Festspiele

Die Bayreuther Festspiele gehen auf die privatwirtschaftliche Gründung eines Musiktheaters Richard Wagners zurück. Wagner beabsichtigte, dass fernab der Metropolen in einem Festspielhaus seine Werke gespielt werden. Das Festspielhaus wurde eigens in Bayreuth auf dem Grünen Hügel gebaut. Der Bau und die ersten Festspiele wurden von König Ludwig II von Bayern unterstützt. Die ersten Bayreuther Festspiele fanden 1876 statt. Danach wurden die Festspiele mit Unterbrechungen durchgeführt. Seit 1951 finden sie jährlich statt. Das Festspielhaus in Bayreuth wird von der Richard-Wagner-Stiftung Bayreuth getragen. Mitglieder der Stiftung sind: Bundesrepublik Deutschland, Freistaat Bayern, Stadt Bayreuth, Gesellschaft der Freunde von Bayreuth, Bayerische Landesstiftung, Oberfrankenstiftung, Bezirk Oberfranken, Mitglieder der Familie Wagner. Die Festspiele werden seit 1986 von der Bayreuther Festspiele GmbH durchgeführt. Der Sohn Richard Wagners, Siegfried Wagner, legte in seinem Testament fest, dass die Verantwortung für die Festspiele dauerhaft bei der Familie Wagner liegen soll und dass nur Werke Richard Wagners in Bayreuth aufgeführt werden sollen. Die Festspiele konzentrieren sich daher auf zehn Opern Richard Wagners. Diskutiert wird immer wieder die enge Verbindung der Familie Wagner zum Nationalsozialismus. Ebenfalls wird immer wieder die Frage aufgeworfen, ob die Verantwortung für die Festspiele nach wie vor bei der Familie Wagner liegen muss.

Beauftragte/r der Bundesregierung für Kultur und Medien

Der/Die Beauftragte der Bundesregierung für Kultur und Medien ist als Staatsminister/in im Bundeskanzleramt unmittelbar dem/der Bundeskanzler/in zugeordnet. Sie/er leitet die gleichnamige Behörde. Das Amt wurde im Jahr 1998 eingerichtet und dient dazu, die kultur- und medienpolitischen Aktivitäten des Bundes zu bündeln. Das BKM wirkt beratend an Gesetzesvorhaben mit, bei denen andere Ministerien die Federführung haben. In die Zuständigkeit des BKM fallen nach eigenen Angaben die Weiterentwicklung der rechtlichen Rahmenbedingungen für den Kulturbereich, die Förderung von Kulturinstitutionen und -projekten von gesamtstaatlicher Bedeutung, die kulturelle Präsentation des Gesamtstaats in der Bundeshauptstadt Berlin, die Vertretung kultur- und medienpolitischer Interessen Deutschlands in verschiedenen internationalen Gremien, die Förderung national bedeutsamer Gedenkstätten zur Erinnerung der Opfer des Nationalsozialismus, die Unterstützung von Gedenkstätten, die an das Unrecht in der ehemaligen DDR erin-

nern. Das Amt haben bisher bekleidet: Michael Naumann (1998–2000), Julian Nida-Rümelin (2000–2002), Christina Weiss (2002–2005), Bernd Neumann (2005–2009 und 2009–2013). Seit Dezember 2013 ist Monika Grütters Staatsministerin für Kultur und Medien.
www.kulturstaatsministerin.de

Bertelsmann Stiftung
Die Bertelsmann Stiftung wurde im Jahr 1977 von Reinhard Mohn gegründet. Sie hält 77,6 Prozent des Kapitals des weltweit agierenden Unternehmens Bertelsmann und verwirklicht ihre Zwecke aus Kapitalerträgen des Unternehmens. Die in Gütersloh ansässige Stiftung versteht sich als »Denkfabrik«. Sie ist ausschließlich operativ und nicht fördernd tätig. Wichtige Tätigkeitsfelder der Stiftung sind Bildungspolitik oder auch Veränderungen der Marktwirtschaft. Die Bertelsmann Stiftung gilt als wirtschaftsnah. Sie steht aufgrund der Bereitstellung von Personal für Bundesministerium und ihrer Einflussnahme auf Gesetzgebungsprozesse oft in der Kritik.
www.bertelsmann-stiftung.de

Bologna-Prozess
Unter dem Bologna-Prozess wird die umfassende Revision der Hochschulausbildung verstanden. Ziel des Bologna-Prozesses ist die Schaffung von international anerkannten Hochschulabschlüssen, die Verbesserung der Qualität von Studiengängen sowie die Verbesserung der Beschäftigungsfähigkeit von Absolventen. Der Bologna-Prozess dauert seit Ende der 1990er-Jahre an. Insgesamt sind 47 Staaten und die Europäische Kommission am Bologna-Prozess beteiligt. Begonnen hat der Prozess mit der sogenannten Sorbonne-Erklärung aus dem Jahr 1998, in der die Bildungsminister aus Deutschland, Frankreich, Italien und Großbritannien verabredeten, eine verbesserte Kompatibilität der Hochschulabschlüsse herzustellen. Diese stand im Kontext einer vermehrten Mobilität der Studierenden. Im Jahr 1999 fand die namensgebende Bologna-Konferenz statt. Hier waren bereits Vertreter aus 30 Staaten anwesend und es wurde vereinbart, bis zum Jahr 2010 einen gemeinsamen europäischen Hochschulraum zu schaffen. Die Erreichung der gesetzten Ziele wurde in verschiedenen Nachfolgekonferenzen evaluiert. Aufgrund der föderalen Struktur erfolgt in Deutschland die Umsetzung des Bologna-Prozesses im Zusammenspiel von Bund, Ländern (vertreten durch die Kultusministerkonferenz), Hochschulen (vertreten durch die Hochschulrektorenkonferenz), den Deutschen Akademischen Austauschdienst, dem Akkreditierungsrat, Vertretern der Studierenden, der Arbeitgeber, der Gewerkschaften und des Deutschen Studentenwerks. Bis zur Akkreditierung eines Studiengangs muss ein mehrstufiges Verfahren durchlaufen werden. In den geisteswissenschaftlichen und künstlerischen Studiengängen stieß der Bologna-Prozess vielfach auf Kritik.

Buchpreisbindung
Bücher und Noten unterliegen in Deutschland der sogenannten Buchpreisbindung. Das heißt Bücher müssen zu dem vom Verleger festgelegten Preis inklusive Umsatzsteuer vom Buchhandel verkauft werden. Ausgenommen von der Buchpreisbindung sind antiquarisch gehandelte Bücher. Verlage können 18 Monate nach Erscheinen eines Werkes die Preisbindung für das Buch aufheben. Erstmalig wurde die Buchpreisbindung in Deutschland 1888 eingeführt. Sie beruhte auf einer vereinsrechtlichen Regelung des Börsenvereins des deutschen Buchhandels. Die Einhaltung der Regelung wurde vom Börsenverein überwacht. Mit der Einführung des sogenannten Revers-Systems verpflichteten sich Verleger und Buchhändler mittels bilateraler Verträge zur Einhaltung der Buchpreisbindung. Diese Regelung hatte bis 1945 Bestand. Im Jahr 1958 wurden in Westdeutschland die ersten Sammelreverse zur Sicherung der Buchpreisbindung eingeführt. Im Zuge der Verwirklichung des europäischen Binnenmarktes wurde die Buchpreisbindung vonseiten der Europäische Kommission auf den Prüfstand gestellt, da der gebundene Buchpreis auch im grenzüberschreitenden Handeln mit Büchern sowie Noten und ähnlichen Werken gilt. Im Jahr 1998 leitete die Europäische Kommission ein förmliches Verfahren gegen Deutschland und Österreich wegen der Buchpreisbindung ein. Seit dem Jahr 2002 ist die Buchpreisbindung in Deutschland gesetzlich geregelt. Die Buchpreisbindung dient dazu, dass überall in Deutschland Bücher zu den gleichen Preisen erhältlich sind. Sie soll einen Beitrag zur Vielfalt des Buchhandels leisten.

Budgetierung

Budgetierung im öffentlichen Haushaltsrecht bedeutet, dass mehrere Haushaltsstellen mit Blick auf eine zu erbringende Leistung zusammengeführt werden. Mit der Budgetierung sind in der Regel Ziel- oder Leistungsvereinbarungen verbunden, in denen die zu erreichenden Ziele beschrieben werden. Innerhalb des vereinbarten Budgets können Ausgaben einfacher untereinander ausgeglichen werden, als es bei starren Haushaltsplänen der Fall ist. Diese größere Freiheit in der Mittelverwendung müssen die Empfänger von öffentlichen Zuwendungen oftmals mit Kürzungen im Budget und Zielvereinbarungen bezahlen.

Bundesarchiv

Aufgabe des Bundesarchivs ist es, das Archivgut des Bundes auf Dauer zu sichern und nutzbar zu machen. Rechtsgrundlage ist das Bundesarchivgesetz. Das Bundesarchiv bewahrt die Unterlagen zentraler Stellen des Heiligen Römischen Reiches deutscher Nation (1495–1806), des Deutschen Bundes (1815–1866), des Deutschen Reiches (1867/71–1945), der Besatzungszonen (1945–1949), der Deutschen Demokratischen Republik (1949–1990) und der Bundesrepublik Deutschland. Zum Archivgut gehören: Akten, Schriftstücke, Karten, Bilder, Plakate, Filme, Tonaufzeichnungen und maschinenlesbare Daten. Darüber hinaus sammelt das Bundesarchiv Nachlässe bedeutender Persönlichkeiten sowie von Parteien, Verbänden und Vereinen mit überregionaler Bedeutung. Das Bundesarchiv hat sieben Standorte: Bayreuth mit dem Lastenausgleichsarchiv, in dem Archivalien zur Geschichte der ehemaligen deutschen Ostgebiete sowie zur Sozial- und Wirtschaftsgeschichte der Vertriebenen aus den ehemaligen deutschen Ostgebieten versammelt sind; Berlin-Wilmersdorf mit dem Filmarchiv des Bundes, das auch das Filmarchiv der DDR erfasst; Berlin-Hoppegarten mit einem Zwischenarchiv, das zu einem Bestandserhaltungs- und Digitalisierungszentrum entwickelt werden soll; Ludwigsburg als zentrale Sammel- und Forschungsstelle für die Unterlagen der Landesjustizverwaltungen zur Aufklärung der NS-Verbrechen; St. Augustin-Hangelar als Zwischenarchiv der obersten Bundesbehörden; Berlin-Lichterfelde mit vor allem zeitgeschichtlichen Dokumenten wie z. B. den Unterlagen der Stiftung Archiv der Parteien und Massenorganisationen der DDR; Freiburg mit dem Militärarchiv, das Unterlagen staatlicher militärischer Stellen seit dem Jahr 1867 umfasst; Rastatt als Erinnerungsstätte deutscher Freiheitsbewegungen mit den entsprechenden Archivalien; Koblenz als Zentralstelle des Bundesarchiv mit dem Sammlungsschwerpunkt bundesrepublikanische Geschichte.
www.bundesarchiv.de

Bundesbeauftragte/r für die Unterlagen des Staatssicherheitsdienstes der ehemaligen Deutschen Demokratischen Republik

Die Behörde des Beauftragten für die Unterlagen des Staatssicherheitsdienstes der ehemaligen Deutschen Demokratischen Republik (BStU), auch Stasiunterlagen-Behörde genannt, bewahrt und erschließt die Akten der Staatssicherheit der ehemaligen DDR. Bürger können Akteneinsicht nehmen. Die Akten werden darüber hinaus wissenschaftlich ausgewertet und zur Überprüfung von Personen in herausgehobenen Positionen herangezogen. Das BStU ist eine nachgeordnete Behörde Der Beauftragten der Bundesregierung für Kultur und Medien. Gesetzliche Grundlage der BStU ist das Stasi-Unterlagengesetz. Geleitet wird das BStU von einem/r vom Deutschen Bundestag gewählten Bundesbeauftragten, deren Amtszeit jeweils fünf Jahre beträgt und die einmal wiedergewählt werden können. Bisherige Bundesbeauftragte waren und sind: Joachim Gauck, Marianne Birthler, Roland Jahn. Neben der Hauptstelle in Berlin verfügt das BStU über zwölf Außenstellen und zwar: Chemnitz, Cottbus, Dresden, Erfurt, Frankfurt (Oder), Gera, Halle/Saale, Leipzig, Magdeburg, Neubrandenburg, Potsdam, Rostock, Schwerin und Suhl. Die Außenstellen sollen zum einen den Bürgern den schnellen Zugang zur Akteneinsicht ermöglichen, zum anderen tragen sie der dezentralen Sammlung von Daten in der DDR Rechnung.
www.bstu.bund.de

Bundeshaushalt

Im Bundeshaushalt sind die Einnahmen und Ausgaben des Bundes verzeichnet. Der Bundeshaushalt unterliegt dem Jährlichkeitsprinzip, das heißt, er wird für jeweils ein Haushaltsjahr aufgestellt und verabschiedet. Die mittelfristige Finanzplanung gibt Auskunft über die Planungen der nächsten Jahre. Verabschiedet wird der Bundeshaushalt vom Deutschen Bundestag. Federführend für die Aufstellung des Bundeshaushalts ist der Bundesfinanzminister. Die einzelnen Ressorts der Bundesregierung (Bundesministerien) melden ihre Finanzplanungen dem Bundesfinanzministerium. Im Deutschen Bundestag ist bei den Beratungen der Haushaltsausschuss des Deutschen Bundestags federführend. Traditionell gebührt der Vorsitz des Haushaltsausschusses des Deutschen Bundestags einem/einer Abgeordneten der größten Oppositionspartei.

Bundesinstitut für Kultur und Geschichte der Deutschen im östlichen Europa

Das Bundesinstitut für Kultur und Geschichte der Deutschen im östlichen Europa (BKGE) wurde 1989 gegründet. Es hat seinen Sitz in Oldenburg und ist als An-Institut der Carl-von-Ossietzky-Universität Oldenburg verbunden. Das BKGE ist eine Ressortforschungseinrichtung Der Beauftragten der Bundesregierung für Kultur und Medien. Seine Aufgabe ist es, die Bundesregierung in Fragen zur Kultur und Geschichte der Deutschen im östlichen Europa zu beraten und zu unterstützen. Das BKGE ist international vernetzt und arbeitet mit Forschungseinrichtungen aus dem In- und Ausland zusammen. Das BKGE ist interdisziplinär ausgerichtet und befasst sich mit Geschichte, Literatur und Sprache, Ethnologie/Volkskunde und Kunstgeschichte der ehemals von Deutschen besiedelten Region zwischen Ostsee und Adria.
www.bkge.de

Bundeskulturpolitik

Unter Bundeskulturpolitik wird die Kulturpolitik des Bundes im Inland sowie die Auswärtige Kultur- und Bildungspolitik verstanden. Die Bundeskulturpolitik im Inland erstreckt sich auf die Förderung von Institutionen und Vorhaben mit bundesweiter Ausstrahlung. Beispiele hierfür sind die Stiftung Preußischer Kulturbesitz oder auch die Deutsche Welle. Wesentliche Förderaufgaben übernimmt die Behörde Der Beauftragten der Bundesregierung für Kultur und Medien (BKM). Ein wichtiger Bestandteil der Bundeskulturpolitik ist die Gestaltung der Rahmenbedingungen für Kunst und Kultur. Die Rahmenbedingungen im Arbeits- und Sozialrecht, im Steuerrecht, im Urheberrecht und weiteren Rechtsgebieten werden ebenfalls auf der Bundesebene in den jeweils zuständigen Ministerien gestaltet. Das BKM hat eine mitberatende Funktion und bringt in die Gesetzgebungsprozesse seine spezifische Expertise für den Kulturbereich ein. Als das BKM im Jahr 1998 etabliert wurde, wurde von einzelnen Bundesländern angezweifelt, ob der Bund überhaupt Kulturpolitik im Inland gestalten dürfe. Die Länder beriefen sich dabei auf ihre sogenannte Kulturhoheit. Mit der Föderalismusreform II ebbte diese Kritik ab.

Bundeskulturstiftung

→ Kulturstiftung des Bundes

Bundeskunsthalle, Bonn

→ Kunst- und Ausstellungshalle der Bundesrepublik Deutschland

Bundesnetzwerk Bürgerschaftliches Engagement

Das Bundesnetzwerk Bürgerschaftliches Engagement (BBE) wurde im Jahr 2002 gegründet. Zu den Gründungsmitgliedern gehörten 28 Verbände und Institutionen, von denen einige dem Nationalen Beirat zum Internationalen Jahr der Freiwilligen (2001) angehörten. Dem BBE gehören heute 240 Verbände, Institutionen und Unternehmen an. Von Beginn an war das BBE trisektoral aufgestellt. D.h. neben zivilgesellschaftlichen Organisationen gehören dem BBE Unternehmen sowie Bundesländer an. Das BBE dient dem gegenseitigen Informationsaustausch zu Fragen der Bürgergesellschaft. Ziel des BBE ist es, das bürgerschaftliche Engagement in allen Gesellschaftsbereichen zu stärken und engagementpolitische Vorschläge zu unterbreiten. Zu den Projekten des BBE gehört unter anderem die Woche des bürgerschaftlichen Engagements, die darauf abzielt, dezentral in einer Woche, die Vielfalt des bürgerschaftlichen Engagements sicht- und erfahrbar zu machen.
www.b-b-e.de

Bündnis für Gemeinnützigkeit

Im Bündnis für Gemeinnützigkeit haben sich große Dachverbände und unabhängige Organisationen des Dritten

Sektors zusammengeschlossen. Das Bündnis für Gemeinnützigkeit besteht aus einem Trägerkreis, dem große zivilgesellschaftliche Dachverbände angehören und einem Beirat, in dem sich Experten aus Wissenschaft, Verbänden und Beratungsinstitutionen zusammenfinden. Anlass zur Bildung des Bündnisses für Gemeinnützigkeit waren Debatten zur Vereinfachung und Entbürokratisierung des Gemeinnützigkeits- und Spendenrechts im Jahr 2005. Im Jahr 2009 wurde der zuvor lockere Zusammenschluss im Bündnis für Gemeinnützigkeit formalisiert. Ziel des Bündnisses für Gemeinnützigkeit ist es, die Zusammenarbeit von zivilgesellschaftlichen Organisationen aus verschiedenen gesellschaftlichen Bereichen zu verbessern und gemeinsam Identität, Gewicht und kooperative Aktionsfähigkeit gegenüber Politik und Verwaltung zu stärken.
www.buendnis-gemeinnuetzigkeit.org

Corporate Citizenship
Corporate Citizenship (CC) ist ein Teilbereich der Corporate Social Responsibility von Unternehmen. CC bezieht sich in erster Linie auf Sponsoring, Spenden und Stiftungen im lokalen Umfeld des Unternehmens.

Corporate Social Responsibility
Unter dem Begriff Corporate Social Responsibility (CSR) werden freiwillige Aktivitäten von Unternehmen zusammengeführt, bei denen über das unmittelbare ökonomische Interesse hinausgehend soziale oder Umweltaspekte in der Unternehmensphilosophie ihren Ausdruck finden. Dazu kann das Corporate Citizenship (CC) gehören.

Cultural Contact Point
→ Informationsbüros für die Europäischen Kulturförderprogramme

C

Computerspiele
Ein Computerspiel ist ein Computerprogramm, das es ermöglicht allein oder mit mehreren zusammen ein Spiel zu spielen. Unter dem Oberbegriff Computerspiele werden Spiele zusammengefasst, die auf dem PC, mit einer speziellen Spielkonsole oder dem Mobiltelefon gespielt werden. Computerspiele sind Teil der Alltagskultur. Traditionell werden sie besonders häufig von Kindern und Jugendlichen gespielt, auch wenn der Markt an sogenannten Serious Games, die sich an Erwachsene richten, stetig wächst. Die Diskussion um Computerspiele war insbesondere im ersten Jahrzehnt des 21. Jahrhunderts stark von der Frage der Computerspielesucht geprägt. Ebenso spielte in der Debatte um Computerspiele eine wichtige Rolle, inwiefern es sich um sogenannten Schund oder um Kunst handelt. Die Entwicklung pädagogisch wertvoller Computerspiele wird durch den Deutschen Computerspielpreis unterstützt, der bis 2014 anteilig von der Computerspielewirtschaft und Dem Beauftragten der Bundesregierung für Kultur und Medien finanziert wurde. Seit dem Jahr 2014 wird der Anteil des Bundes vom Bundesministerium für Verkehr und digitale Infrastruktur erbracht.

D

D64 – Zentrum für digitalen Fortschritt
In der Initiative D64 haben sich Personen zusammengeschlossen, die in verschiedenen Formaten die Entwicklung der Digitalisierung begleiten und politisch gestalten wollen. Die Initiative D64 wählt hierzu sowohl Offline-Formate wie Veranstaltungen, Studien, Buchprojekte als auch Online-Aktivitäten wie z. B. politische Blogs und Netzwerke. Ziel ist laut Satzung die »substanzielle Unterstützung der öffentlichen Debatte um die gesellschaftliche Veränderung durch das Internet, insbesondere im Hinblick auf die politische Entwicklung der Demokratie in Deutschland.« D64 tritt für eine höhere Wahrnehmung netzpolitischer Themen in informierter Öffentlichkeit und Gesellschaft ein und ist hierfür insbesondere durch die Förderung der Volksbildung und der Wissenschaft und Forschung, insbesondere auf den Gebieten der Informatik, Kommunikationswissenschaften sowie Demokratie und Gesellschaftsforschung aktiv.
www.d-64.org

DEFA-Stiftung
Die im Jahr 1998 von der Bundesrepublik Deutschland errichtete DEFA-Stiftung hat die Aufgabe, DEFA-Filme zu

erhalten, der Öffentlichkeit nutzbar zu machen und die deutsche Filmkultur und -kunst zu fördern. Der DEFA-Filmstock bildet das Vermögen der DEFA-Stiftung. Er umfasst die gesamte Kinoproduktion der DDR-Filmstudios. Insgesamt umfasst der DEFA-Filmstock: 950 Spielfilme und Kurzspielfilme, 820 Animationsfilme, 5.800 Dokumentarfilme und Wochenschauen, 4.000 deutschsprachige Synchronisationen ausländischer Filme. Weiter gehören zum Vermögen: nicht veröffentlichte und Restmaterialien aus der DEFA-Produktion, Fotos, Plakate, Drehbücher und ihre literarischen Vorstufen, Werbematerialien, Partituren und Zulassungsunterlagen. Die DEFA-Stiftung fördert u. a. die wissenschaftliche und publizistische Erschließung des DEFA-Filmstocks sowie filmkulturelle Veranstaltungen. Weiter vergibt sie Stipendien zur Entwicklung deutscher Filmkultur und der Vorbereitung filmkünstlerischer Arbeiten.
www.defa-stiftung.de

Demografischer Wandel

Unter demografischem Wandel wird die Veränderung der Bevölkerungsentwicklung und Bevölkerungszusammensetzung verstanden. Dabei werden folgende Faktoren besonders in den Blick genommen: regionale Zuzüge und Fortzüge, Geburten- und Sterbefallentwicklung, quantitative Entwicklung des Verhältnisses von Frauen und Männern, der Altersaufbau der Bevölkerung sowie der Anteil von Ausländern an der Bevölkerung. Der demografische Wandel wird oft unter dem Stichwort »älter, bunter, weniger« zusammengefasst. Damit wird ausgedrückt, dass der Altersdurchschnitt der Bevölkerung steigt, mehr Migranten in Deutschland leben und insgesamt die Bevölkerungszahl in Deutschland sinkt. Der demografische Wandel verläuft in den verschiedenen Regionen in Deutschland unterschiedlich. Während einige Regionen noch Zuwächse an Bevölkerung verzeichnen können, ist in anderen eine Abnahme der Bevölkerung bereits deutlich spürbar.

Denkmal für die ermordeten Juden Europas

Das Denkmal für die ermordeten Juden Europas ist der Erinnerungsort an die Opfer der Shoah in Berlin. An zentraler Stelle in Berlin erinnert ein Stelenfeld an Deportation und Ermordung der Juden Europas. Ergänzt wird das Stelenfeld von einem Ort der Information unter dem Stelenfeld. Das Denkmal für die ermordeten Juden Europas geht auf die Initiative eines privaten Förderkreises zurück, der von der Journalistin Lea Rosh im Jahr 1988 gegründet wurde. Auf die Gründung erfolgte ein über ein Jahrzehnt andauernder Diskussionsprozess bis schließlich im Jahr 1999 der Deutsche Bundestag den Entschluss fasste, das Denkmal für ermordeten Juden Europas zu bauen. Die vom Bund errichtete Stiftung Denkmal für die ermordeten Juden Europas war Bauherr des Stelenfelds und ist nun für den Betrieb verantwortlich. Die Stiftung ist zugleich für das »Denkmal für die im Nationalsozialismus verfolgten Homosexuellen« sowie das »Denkmal für die ermordeten Sinti und Roma« zuständig.
www.stiftung-denkmal.de

Deutsche Bischofskonferenz

In der Deutschen Bischofskonferenz haben sich die katholischen Bischöfe aller Diözesen in Deutschland zusammengeschlossen. Die Deutsche Bischofskonferenz tritt jeweils im Frühjahr und im Herbst zur Vollversammlung zusammen. Zu den Aufgaben der Deutschen Bischofskonferenz zählen: Studium und Förderung gemeinsamer seelsorgerlicher Aufgaben, gegenseitige Beratung, notwendige Koordinierung der kirchlichen Arbeit, gemeinsame Entscheidungen, Pflege der Verbindung zu anderen Bischofskonferenzen. Die Deutsche Bischofskonferenz hat elf Kommissionen eingerichtet, in denen Sachfragen debattiert werden. Zu diesen Kommissionen zählt auch die Kommission für Wissenschaft und Kultur. Neben dem Sekretariat der Deutschen Bischofskonferenz in Bonn unterhält die Deutsche Bischofskonferenz in Berlin das Katholische Büro, das die Lobbyarbeit für die Katholische Kirche in Berlin macht. Es beobachtet die Gesetzgebung des Bundes, gibt Stellungnahmen zu Gesetzgebungsvorhaben ab und führt Beschlüsse der Organe der Deutschen Bischofskonferenz durch.
www.dbk.de

Deutsche Forschungsgemeinschaft

Im Jahr 1920 wurde die »Notgemeinschaft der deutschen Wissenschaft« gegründet, deren Name 1929 in »Deutsche Gemeinschaft zur Erhaltung und Förderung der For-

schung« (Deutsche Forschungsgemeinschaft) geändert wurde. Aufgabe der Deutschen Forschungsgemeinschaft war es, finanzielle Mittel für Forschung bereitzustellen. Die Deutsche Forschungsgemeinschaft stellte sich zwischen 1933 und 1945 in den Dienst des NS-Regimes. Im Jahr 1949 wurde die »Notgemeinschaft der Deutschen Wissenschaft« auf Initiative von Hochschulen, des Stifterverbands für die deutsche Wissenschaft und der Kultusministerien der Länder in Bonn gegründet. Im selben Jahr erfolgte die Gründung des wissenschaftspolitisch ausgerichteten »Deutschen Forschungsrates«. Hieran waren die Max-Planck-Gesellschaft und die Akademien der Wissenschaften in Göttingen, Heidelberg und München beteiligt. Im Jahr 1951 fusionierten beide Institutionen zur Deutschen Forschungsgemeinschaft (DFG). Mitglieder der DFG sind forschungsintensive Hochschulen, außeruniversitäre Forschungseinrichtungen, wissenschaftliche Verbände und die Akademien der Wissenschaften. Die DFG unterstützt Forschungsvorhaben finanziell. Die Mittel für ihre Arbeit erhält sie von Bund und Ländern, die in den Bewilligungsgremien vertreten sind. Wichtige Ziele der DFG sind die Unterstützung der interdisziplinären und internationalen Zusammenarbeit sowie die Förderung wissenschaftlicher Exzellenz. Die DFG berät Politik und Verwaltung zu wissenschaftsrelevanten Fragen.
www.dfg.de

Deutsche Gesellschaft für Internationale Zusammenarbeit
Die Deutsche Gesellschaft für internationale Zusammenarbeit (GIZ) wurde im Jahr 2010 durch den Zusammenschluss der Deutschen Gesellschaft für technische Zusammenarbeit, des Deutschen Entwicklungsdienstes und der Internationalen Weiterbildung und Entwicklung gGmbH (InWent) gegründet. Die GIZ ist ein Bundesunternehmen. Sie übernimmt Aufträge und Dienstleistungen im Bereich der Entwicklungszusammenarbeit und entsendet Fachkräfte in sogenannte Entwicklungsländer. Wichtige Ziele der GIZ sind die nachhaltige Entwicklung und die internationale Bildungsarbeit. Neben dem Bundesministerium für wirtschaftliche Zusammenarbeit arbeitet die GIZ unter anderem mit dem Auswärtigen Amt sowie dem Bundesministerium für Bildung und Forschung zusammen. Weiter kooperiert die GIZ mit der Privatwirtschaft und sucht den Dialog mit der Zivilgesellschaft.
www.giz.de

Deutsche Gesellschaft für technische Zusammenarbeit
Die Deutsche Gesellschaft für technische Zusammenarbeit (GTZ) wurde im Jahr 1975 in der Rechtsform einer GmbH gegründet. Sie ging aus der »Bundesstelle für Entwicklungshilfe« und der »Deutschen Fördergesellschaft für Entwicklungsländer« hervor. Einziger Gesellschafter war die Bundesrepublik Deutschland. Hauptaufgabe der GTZ war die technische Zusammenarbeit mit Entwicklungsländern durch die Entsendung von Fachkräften, die Erstellung von Studien, Finanzierungsbeiträgen und die Erstellung von Anlagen und Bauten. Im Jahr 2010 wurden die GTZ, der Deutsche Entwicklungsdienst und die Internationalen Weiterbildung und Entwicklung gGmbH (InWent) zur Deutschen Gesellschaft für Internationale Zusammenarbeit (GIZ) verschmolzen. Die GIZ hat ihre Arbeit im Januar 2011 aufgenommen.

Deutsche Künstlerhilfe
Die Deutsche Künstlerhilfe wurde 1953 von Bundespräsident Theodor Heuss gegründet. Durch die Deutsche Künstlerhilfe, auch Ehrengaben des Bundespräsidenten genannt, können Künstler aller künstlerischen Sparten unterstützt werden, die in wirtschaftliche Not geraten sind. Wichtige Gründe sind dabei Alter, Krankheit oder widrige Umstände. Sie ist für Künstler gedacht, die eine kulturelle Leistung für die Bundesrepublik Deutschland erbracht haben. Es handelt sich bei den Leistungen aus der Deutschen Künstlerhilfe um Ehrengaben des Bundespräsidenten und nicht um Sozialleistungen im sozialrechtlichen Sinne. Finanziert wird die Deutsche Künstlerhilfe aus Mitteln des Bundes, der Länder und Spenden.

Deutsche Literaturkonferenz
In der Deutschen Literaturkonferenz haben sich Verbände und Institutionen des literarischen Lebens zusammengeschlossen. Satzungszweck ist die Förderung der deutschen Literatur. Die Deutsche Literaturkonferenz will darauf hinwirken, dass die Literatur die ihr gebühren-

de gesellschaftliche Bedeutung erhält und ihre Stellung gestärkt wird. Innerhalb der Deutschen Literaturkonferenz findet auch eine Diskussion und Verständigung zu rechtlichen Fragen statt, die das literarische Leben bzw. die Bereitstellung von Literatur betreffen. Die Deutsche Literaturkonferenz vertritt die Sparte Literatur im Deutschen Kulturrat.
www.literaturkonferenz.de

Deutsche UNESCO-Kommission
Noch vor dem Beitritt Deutschlands zur UNESCO im Jahr 1951 wurde bereits 1950 die Deutsche UNESCO-Kommission (DUK) gegründet. Sie wird als Mittlerorganisation der Auswärtigen Kultur- und Bildungspolitik vom Auswärtigen Amt gefördert. Aufgabe der DUK ist zum einen als nationale Stelle alle Programmbereiche der UNESCO umzusetzen. Weiter nimmt sie laut Satzung folgende Aufgaben wahr: Beratung der Bundesregierung, des Bundestags und anderer zuständiger Stellen in allen Fragen, die sich aus der Mitgliedschaft Deutschlands in der UNESCO ergeben; Mitwirkung an der Ausgestaltung Deutschlands in der UNESCO, hier Entwicklung und Umsetzung von Beiträgen zur Völkerverständigung und internationalen Zusammenarbeit; Entwicklung einer weltoffenen und nachhaltigen Wissensgesellschaft in Deutschland; Förderung der internationalen Verständigung, der Weltoffenheit und des kulturellen Engagements von Jugendlichen; Unterrichtung der Öffentlichkeit über Zwecke und Arbeit der DUK. In allen 195 Mitgliedstaaten der UNESCO gibt es nationale Kommissionen. Diese nationalen Kommissionen, die es in den anderen UN-Sonderorganisationen nicht gibt, haben die besondere Aufgabe in ihren Ländern, die Organisationen und Institutionen in die Arbeit einzubeziehen, die sich mit Bildung, Wissenschaft, Kultur und Kommunikation befassen. Die Deutsche UNESCO-Kommission ist Mitglied im Rat für Soziokultur und kulturelle Bildung und darüber dem Deutschen Kulturrat verbunden.
www.unesco.de

Deutsche Welle
Die Deutsche Welle (DW) ging im Jahr 1953 als deutschsprachiger Radiosender auf Sendung. Sie ist eine öffentlich-rechtliche Rundfunkanstalt, die im Unterschied zu den anderen öffentlich-rechtlichen Sendern nicht aus Gebühren, sondern aus Steuermitteln finanziert wird. Finanziert wird die Deutsche Welle aus dem Etat Der Beauftragten für Kultur und Medien. Bis zum Jahr 1980 wurde das Sprachangebot im Radio auf 30 Sprachen ausgeweitet. Neben dem Radioprogramm gibt es seit 1992 das über Satellit gesendete Deutsche Welle Fernsehen. Seit 1994 arbeitet die Deutsche Welle trimedial. Im Mittelpunkt der Arbeit steht der interkulturelle Dialog. Die Deutsche Welle informiert journalistisch unabhängig über Ereignisse und Entwicklungen in Deutschland und Europa. In zunehmendem Maße sendet die Deutsche Welle in englischer Sprache. Die deutschsprachigen Angebote richten sich an Menschen mit guten deutschen Sprachkenntnissen. Weiter vermittelt die Deutsche Welle in ihren Angeboten die deutsche Sprache. Die Deutsche Welle arbeitet eng mit den Mittlerorganisationen der Auswärtigen Kultur- und Bildungspolitik zusammen. Eine besondere Zusammenarbeit besteht mit dem Goethe-Institut, dem Deutschen Akademischen Austauschdienst, dem Institut für Auslandsbeziehungen, der Alexander von Humboldt-Stiftung und der Deutschen Gesellschaft für Internationale Zusammenarbeit. In der Deutsche Welle Akademie werden unter anderem Journalisten aus aller Welt weitergebildet.
www.dw.de

Deutscher Akademischer Austauschdienst
Der Akademische Austauschdienst wurde im Januar 1925 in Heidelberg gegründet und förderte zunächst Stipendiaten in den Disziplinen Sozial- und Staatswissenschaften. Bereits im Oktober weitete sie nach dem Umzug nach Berlin ihre Tätigkeit auf alle wissenschaftlichen Disziplinen aus. Ziel war es, ausländische Studierende bei Studienaufenthalten in Deutschland zu unterstützen und deutschen Studierenden ein Studium im Ausland zu ermöglichen. Im Jahr 1933 wurde der Akademische Austauschdienst gleichgeschaltet. Im Jahr 1950 wurde der Deutsche Akademische Austauschdienst (DAAD) in Bonn gegründet. Bereits im Jahr 1952, noch vor der Aufnahme diplomatischer Beziehungen, eröffnete der DAAD eine Außenstelle in London. Heute ist der DAAD die deutsche Förderorganisation für den internationalen Austausch von Studierenden und Wissenschaftlern. Darüber hinaus

unterstützt der DAAD die Auslandsgermanistik, fördert die Internationalität deutscher Hochschulen und berät in kultur-, bildungs- und entwicklungspolitischen Fragen. Der DAAD zählt zu den Mittlerorganisationen der Auswärtigen Kultur- und Bildungspolitik.
www.daad.de

Deutscher Kulturrat
Der Deutsche Kulturrat wurde 1981 als lose Arbeitsgemeinschaft von Bundeskulturverbänden und -organisationen in Bonn gegründet. Gründungsmitglieder waren acht Sektionen: Deutscher Musikrat, Rat für darstellende Künste, Arbeitsgemeinschaft Literatur, Kunstrat, Rat für Baukultur, Deutscher Designertag, Sektion Film, Rat für Soziokultur. Sie repräsentieren die verschiedenen künstlerischen Sparten. Der Deutsche Kulturrat setzt sich seit seiner Gründung für eine deutlich sichtbare Bundeskulturpolitik und die Verbesserung der Rahmenbedingungen für Kunst und Kultur ein. 1995 löste sich die Arbeitsgemeinschaft Literatur auf und die Deutsche Literaturkonferenz vertritt seither den Literaturbereich im Deutschen Kulturrat. 1995 gab sich der Deutsche Kulturrat die Struktur eines eingetragenen Vereins. Mitglieder sind die acht Sektionen: Deutscher Musikrat, Rat für darstellende Kunst und Tanz, Deutsche Literaturkonferenz, Deutscher Kunstrat, Rat für Baukultur, Sektion Design, Sektion Film und audiovisuelle Medien, Rat für Soziokultur und kulturelle Bildung. Ziel des Deutschen Kulturrates ist es, bundesweit spartenübergreifende Fragen in die kulturpolitische Diskussion auf allen Ebenen einzubringen. Der Deutsche Kulturrat ist der Ansprechpartner der Politik und Verwaltung des Bundes, der Länder und der Europäischen Union in allen die einzelnen Sparten des Deutschen Kulturrates e.V. übergreifenden kulturpolitischen Angelegenheiten. Im Jahr 1998 hat sich der Deutsche Kulturrat intensiv für die Einrichtung des Amtes Des Beauftragten der Bundesregierung für Kultur und Medien, einen Ausschuss für Kultur und Medien im Deutschen Bundestag und eine Kultur-Enquete eingesetzt.
www.kulturrat.de

Deutscher Kunstrat
Im Deutschen Kunstrat haben sich bundesweit organisierte Verbände der bildenden Künstler, der Kunstvermittler und Kunstverwerter sowie der Museen zusammengeschlossen. Er vertritt die Interessen des Kunstbetriebs und hat insbesondere das Ziel, der bildenden Kunst die gebührende Geltung zu verschaffen und die kulturpolitischen Rahmenbedingungen mitzugestalten. Der Deutsche Kunstrat vertritt die Interessen der bildenden Kunst im Deutschen Kulturrat.
www.deutscher-kunstrat.de

Deutscher Musikrat
Der Deutsche Musikrat wurde 1953 in Bonn gegründet. Seine Gründung ging vom Internationalen Musikrat, einer Nichtregierungsorganisation der UNESCO, aus. Mitglieder des Deutschen Musikrates sind 86 Fachverbände des musikalischen Lebens, sechzehn Landesmusikräte, 27 beratende Mitglieder, die herausragende Repräsentanten des musikalischen Lebens in Deutschland sind, und 53 Ehrenmitglieder, die sich um das Musikleben besonders verdient gemacht haben. Aufgabe des Deutschen Musikrates ist die Vertretung musikpolitischer Interessen. Dabei vereinigt der Deutsche Musikrat speziell in seinen Fachverbänden die unterschiedlichen Facetten des Musiklebens. Der Deutsche Musikrat versteht sich als größte Bürgerbewegung in Deutschland für ein Musikleben. Neben dem Deutschen Musikrat e.V., der lobbyistisch für die Kultur tätig ist, führt die Deutscher Musikrat gGmbH Projekte zur Förderung des musikalischen Nachwuchses und Wettbewerbe in der Laienmusik durch. Er unterhält weiter als Informationsangebot zum Musikleben das Musikinformationszentrum. Der Deutsche Musikrat vertritt den Musikbereich im Deutschen Kulturrat.
www.musikrat.de

Deutscher Presserat
Gegründet wurde der Deutsche Presserat im Jahr 1956, nachdem die Bundesregierung ein Bundespressegesetz auf den Weg bringen wollte. Gründungsmitglieder waren fünf Zeitungsverleger und Journalisten. Vorbild des Deutschen Presserates war das British Press Council. Ziel des Deutschen Presserates war die freiwillige publizistische Selbstkontrolle. Heute wird der Deutsche Presserat von zwei Verlegerverbänden (Bundesverband Deutscher Zeitungsverleger und Verband Deutscher Zeitschriftenverleger) und zwei Journalistenverbänden (Deutscher Jour-

nalisten-Verband und Deutsche Journalistinnen- und Journalisten-Union) getragen. Ziel ist das Eintreten für Pressefreiheit und journalistische Grundsätze. Der Deutsche Presserat hat einen Pressekodex verabschiedet. Er unterhält eine Beschwerdestelle, an die sich jeder mit Beschwerden über Online- oder Printmedien wenden kann. Über die Beschwerden entscheiden Beschwerdeausschüsse, die Rügen aussprechen können.
www.presserat.de

Deutscher Verein für öffentliche und private Fürsorge
Im Deutschen Verein für öffentliche und private Fürsorge (Deutscher Verein) haben sich öffentliche und freie Träger der sozialen Arbeit zusammengeschlossen. Sie verfolgen unter anderem folgende gemeinsame Ziele: Empfehlungen für die soziale Arbeit zu erarbeiten, Gutachten zum Sozialrecht zu erstellen, die internationale Zusammenarbeit in der sozialen Arbeit zu fördern, die Forschung und Wissenschaft zur sozialen Arbeit zu fördern sowie Schriften zur sozialen Arbeit herauszugeben. Aufgrund seines breiten Mitgliederspektrums versteht sich der Deutsche Verein auch als Plattform, auf der widerstreitende Ideen und Interessen zur sozialen Arbeit diskutiert und gemeinsame Positionen verdichtet werden.
www.deutscher-verein.de

Deutsches Archäologisches Institut
Das Deutsche Archäologische Institut (DAI) geht auf einen Freundeskreis aus Gelehrten, Künstlern und Wissenschaftlern zurück, der 1829 in Rom gegründet wurde und unter der Schirmherrschaft des preußischen Kronprinzen Friedrich Wilhelm IV. stand. 1832 siedelte das Institut nach Berlin um und ab 1859 wurde es regelmäßig vom Königreich Preußen finanziert, 1874 wurde es Reichsinstitut, heute ist das DAI eine Bundesanstalt im Geschäftsbereich des Auswärtigen Amtes und damit Teil der Auswärtigen Kultur- und Bildungspolitik. Bereits im 19. Jahrhundert erfolgte die Gründung der Abteilung Athen, im 20. Jahrhundert erfolgten Abteilungsgründungen in Kairo, Istanbul, Madrid, Bagdad und Teheran. Die im DAI tätigen Wissenschaftler führen Ausgrabungen, Expeditionen und andere Projekte vor allem im Ausland durch. Der Arbeitsschwerpunkt ist die archäologische Arbeit, dabei besteht eine enge Zusammenarbeit mit anderen Disziplinen. Ein besonderes Augenmerk wird auf die Bergung und den Erhalt des kulturellen Erbes gelegt.
www.dainst.org

Digitale Gesellschaft
Die Digitale Gesellschaft ist ein eingetragener Verein, der die gerechte und demokratische Teilhabe aller Menschen am digitalen und vernetzten Zeitalter zum Ziel hat. Der Verein setzt sich für die Überwindung der digitalen Spaltung ein. Besondere Anliegen sind: Eintreten für Grund- und Freiheitsrechte, eine offene Wissenskultur, weitreichende Transparenz und Beteiligungsmöglichkeiten an politischen Entscheidungsprozessen. Arbeitsschwerpunkte sind unter anderem: Förderung der Verbraucherberatung und des -schutzes, vor allem mit Blick auf die Nutzung des Internets sowie Förderung von Bildung, Wissenschaft und Forschung, speziell in den Disziplinen Informatik, Kommunikationswissenschaft sowie Demokratie und Recht.
www.digitalegesellschaft.de

Digitalisierung
Unter Digitalisierung wird die Umwandlung und Speicherung analoger Aufzeichnungen (Schrift, Bild, Ton, Film) auf digitale Speichermedien verstanden. Die Digitalisierung ermöglicht den Transport und die Speicherung großer Datenmengen. Sie soll einen Beitrag zur Langzeitarchivierung von Inhalten leisten.

Ehrensold des Bundespräsidenten
→ Deutsche Künstlerhilfe

Ein-Euro-Job
→ Arbeitsgelegenheit mit Mehraufwandsentschädigung

Enquete-Kommission »Kultur in Deutschland« des Deutschen Bundestages
Die Enquete-Kommission »Kultur in Deutschland« des Deutschen Bundestags (Kultur-Enquete) arbeitete von 2003 bis 2005 (15. Wahlperiode) und von 2005 bis 2007

(16. Wahlperiode). Sie setze sich aus von den Fraktionen benannten Mitgliedern zusammen, deren Anzahl von der Fraktionsstärke im Deutschen Bundestag abhing, und einer gleich großen Anzahl von Sachverständigen, die vom Bundestagspräsidenten berufen wurden. Die Kultur-Enquete hatte den vom Deutschen Bundestag im Einsetzungsbeschluss formulierten Auftrag, in einer Bestandsaufnahme die gegenwärtige Situation von Kunst und Kultur in Deutschland zu erfassen und politische Handlungsempfehlungen zur Verbesserung der ordnungs- und förderpolitischen Rahmenbedingungen zu erarbeiten. Schwerpunktthemen waren: öffentliche und private Förderung von Kunst und Kultur (Strukturwandel), wirtschaftliche und soziale Lage der Künstlerinnen und Künstler, Kulturlandschaft Deutschland – Kultur als Standortfaktor. Der Schlussbericht der Kultur-Enquete hat die Bundestagsdrucksachennummer 16/7000.
www.bundestag.de

Enquete-Kommission »Internet und digitale Gesellschaft« des Deutschen Bundestages

Die Enquete-Kommission »Internet und digitale Gesellschaft« des Deutschen Bundestags (Internet-Enquete) arbeitete von 2010 bis 2013. Sie setzte sich aus 18 von den Fraktionen nach Fraktionsstärke benannten Abgeordneten des Deutschen Bundestags und 17 vom Bundestagspräsidenten benannten Sachverständigen zusammen. Der Auftrag der Internet-Enquete war durch den Einsetzungsbeschluss des Deutschen Bundestags formuliert worden. Aufgabe der Internet-Enquete war es, sich mit den Auswirkungen der Digitalisierung auf die Gesellschaft zu befassen. Themen der Internet-Enquete waren unter anderem: Medienkompetenz, Urheberrecht, Netzneutralität, Datenschutz und Persönlichkeitsrechte, Bildung und Forschung, Wirtschaft, Arbeit und Green-IT, Demokratie und Staat. Als erste Enquete-Kommission des Deutschen Bundestags tagte die Internet-Enquete konsequent in öffentlichen Sitzungen und versuchte über Online-Plattformen die interessierte Öffentlichkeit einzubeziehen. Der Schlussbericht hat die Bundestagsdrucksachennummer 17/12550.
www.bundestag.de

Europäische Kommission

Unter Europäischer Kommission (EU-Kommission) wird sowohl das Kollegium der Kommissare als auch das europäische Organ selbst verstanden. Die EU-Kommission ist das Exekutivorgan der EU. Sie muss die Interessen der gesamten EU und nicht nur die einzelner Mitgliedstaaten im Blick halten und vertreten. Der Hauptsitz der EU-Kommission befindet sich in Brüssel. Sie unterhält in allen EU-Mitgliedstaaten Vertretungen. Aufgaben der EU-Kommission sind: Festlegung von Zielen und Prioritäten für Maßnahmen, Vorlage von Gesetzesvorschlägen an den Europäischen Rat und das Europäische Parlament, Durchsetzung Europäischer Gesetze, hierzu gehört auch bei Verstößen von EU-Mitgliedstaaten die Einleitung von Vertragsverletzungsverfahren vor dem Europäischen Gerichtshof, Vertretung der EU gegenüber Drittstaaten z. B. bei Handelsabkommen zwischen der EU und Drittstaaten. Das Kommissionskollegium besteht zurzeit aus einem Präsidenten und 28 Kommissaren. Die 28 Kommissare stehen für die 28 Mitgliedstaaten der EU. Die Amtszeit des Kommissionskollegiums und des Kommissionspräsidenten beträgt fünf Jahre.
www.ec.europa.eu/index_de.htm

EU-Strukturfonds

Die EU-Strukturfonds dienen dazu, den wirtschaftlichen, sozialen und territorialen Zusammenhalt der EU zu stärken. In der Förderperiode (2007–2013) bestanden zwei Strukturfonds: der Europäische Fonds für regionale Entwicklung (EFRE) und der Europäische Sozialfonds (ESF). Durch die EU-Strukturfonds finanzierte Projekte müssen stets von dem jeweiligen Mitgliedstaat kofinanziert werden. Durch Programmmittel aus EFRE sollen Regionen mit einem Entwicklungsrückstand und Strukturproblemen unterstützt werden. Dabei werden unter anderem Infrastrukturmaßnahmen, Forschungsmaßnahmen und produktive Investitionen zur Schaffung von Arbeitsplätzen unterstützt. Die ESF-Mittel sind beschäftigungspolitische Maßnahmen. Sie dienen unter anderem zur Verbesserung des Zugangs zum Arbeitsmarkt, zur Förderung der sozialen Eingliederung, zur Verbesserung der Anpassungsfähigkeit von Beschäftigten und Unternehmen an neue Anforderungen des Arbeitsmarktes. In der Förderperiode 2014 bis 2020 wurden die bisherigen Strukturfonds ESF und EFRE mit dem Europäischen Landwirtschaftsfonds für die Entwicklung des ländlichen Raums (ELER) und dem Europäischen Meeres- und Fischereifonds (EMFF) zusammengelegt. Ziel ist es, die Kohärenz der verschiedenen Maßnahmen zu verbessern. Die EU-Mitgliedstaaten müssen eine nationale Gesamtstrategie vorlegen und hierzu eine Partnerschaftsvereinbarung mit der EU schließen. In dieser Partnerschaftsvereinbarung müssen die strategische Ausrichtung der Programme im Rahmen der EU-Strukturfonds sowie die verfolgten Ziele festgelegt werden. Deutschland erhält für die gesamte Förderperiode 2014 bis 2020 19,3 Mrd. Euro, davon sind ca. 9,8 Mrd. Euro für die neuen Länder ohne Leipzig festgelegt.

EU-Strukturförderung
→ EU-Strukturfonds

F

Faxverbot
Der Haushaltsausschuss des Deutschen Bundestags beschloss im Jahr 2006, dass der Deutsche Kulturrat aus den Mitteln, die er als Zuwendung aus dem Haushalt des Beauftragten der Bundesregierung für Kultur und Medien erhält, im Jahr 2007 keine Ausgaben für Telefaxe tätigen darf. Seit 2008 gilt diese einmalige (Straf)Maßnahme nicht mehr.

Filmförderungsanstalt
Die Filmförderungsanstalt (FFA) ist eine Bundesanstalt des öffentlichen Rechts. Rechtsgrundlage ist das »Gesetz über Maßnahmen zur Förderung des deutschen Films«, Filmförderungsgesetz (FFG). Es trat 1968 erstmals in Kraft und wurde zuletzt im Juli 2010 novelliert. Die FFA finanziert sich aus der Filmabgabe, die von Filmtheaterbetreibern, Videoprogrammanbietern, Fernsehveranstaltern sowie Programmvermarktern zu entrichten ist. Ihr Jahresetat beträgt rund 76 Mio. Euro. Die FFA hat folgende Aufgaben: Durchführung von Maßnahmen zur Förderung des deutschen Films und zur Verbesserung der Struktur der deutschen Filmwirtschaft, Unterstützung der gesamtwirtschaftlichen Belange der Filmwirtschaft in Deutschland, Verbesserung der Grundlagen für die Verbreitung und marktgerechte Auswertung des deutschen Films im Inland, Verbesserung der wirtschaftlichen und kulturellen Ausstrahlung des deutschen Films im Ausland und Hinwirken auf eine Abstimmung und Koordinierung der Filmförderung des Bundes und der Länder.
www.ffa.de

Fishbowl
Fishbowl ist eine Methode der Diskussionsführung bei Veranstaltungen. Eine kleine Gruppe diskutiert ein Thema. Bei dieser Diskussion bleibt ein Stuhl frei. Ein Veranstaltungsteilnehmer, der bislang an der Diskussion nicht teilnahm, kann sich auf diesen Stuhl setzen und sich dann solange an der Diskussion beteiligen bis er alles gesagt hat oder ein anderer Teilnehmer die Teilnahme an der Diskussion beansprucht. Bei einer anderen Variante des Fishbowl müssen auch die Teilnehmer der Kerndiskussionsgruppe nach einer Zeit ihren Platz für weitere Diskussionsteilnehmer freimachen.

Föderalismus
Unter Föderalismus wird eine Staatsform verstanden, in der die Glieder eine Eigenstaatlichkeit besitzen und sich zugleich zu einem Gesamtstaat zusammengeschlossen haben. Neben der Bundesrepublik Deutschland sind beispielsweise die Schweiz oder Österreich föderal aufgebaute Staaten. In Deutschland ist der Bund laut Grundgesetz zunächst nur für jene Bereiche zuständig, die nicht ausdrücklich den Ländern zugewiesen sind. Das heißt im Umkehrschluss, dass der Bund in jenen Bereichen, in denen die Kompetenz bei den Ländern liegt, wie beispielsweise der Schul- oder auch der Rundfunkpolitik, keine Gesetzgebungskompetenz und davon abgeleitet auch keine Förderkompetenz hat. Die Länder, die jeweils eigene Verfassungen haben, wirken über den Bundesrat an der Gesetzgebung des Bundes mit.

Föderalismuskommission
Föderalismuskommissionen haben in Deutschland die Aufgabe, sich mit dem Verhältnis von Bund und Ländern zu befassen. Seit Gründung der Bundesrepublik Deutschland 1949 gab es drei Föderalismuskommissionen: Die Unabhängige Föderalismuskommission (1991–1992), die

Kommission von Bundestag und Bundesrat zur Modernisierung der bundesstaatlichen Ordnung (2003–2004) und die Kommission von Bundestag und Bundesrat zur Modernisierung der Bund-Länder-Finanzbeziehungen (2007–2009).

Föderalismusreform

→ »Kommission von Bundestag und Bundesrat zur Modernisierung der bundesstaatlichen Ordnung« und »Kommission von Bundestag und Bundesrat zur Modernisierung der Bund-Länder-Finanzbeziehungen«

Forschungsinstitut für Internet und Gesellschaft an der Humboldt-Universität zu Berlin

→ Alexander von Humboldt Institut für Internet und Gesellschaft

Freiwillige Leistung

Freiwillige Leistungen der Kommunen werden in der Regel in Abgrenzung zu den Pflichtaufgaben definiert. Bei den Pflichtaufgaben handelt es sich um Aufgaben, zu denen die Kommune qua Gesetz verpflichtet ist. Demgegenüber liegt bei den freiwilligen Leistungen, auch freiwillige/pflichtige Selbstaufgaben, keine gesetzliche Grundlage vor. Sie gehören damit in den ureigensten Kern der kommunalen Selbstverwaltung. Kommunen, die der Haushaltssicherung unterliegen, werden allerdings oftmals von der Kommunalaufsicht angehalten, sich auf ihre Pflichtaufgaben zu konzentrieren. Ausgaben bei den freiwilligen/pflichtigen Selbstaufgaben werden von der Kommunalaufsicht teilweise nicht genehmigt.

Freiwillige Selbstkontrolle

Die freiwillige Selbstkontrolle ist ein wichtiger Bestandteil des Jugendmedienschutzes. Von Verbänden der jeweiligen Wirtschaftsbranchen gegründete und getragene Einrichtungen übernehmen die Überprüfung von Medienangeboten hinsichtlich des Jugendmedienschutzes und erteilen teilweise eine Altersfreigabe. Die Mitgliedsunternehmen der betreffenden Wirtschaftsverbände verpflichten sich die in den jeweiligen Statuten festgelegten Grundsätze des Jugendschutzes zu beachten. Geregelt ist die freiwillige Selbstkontrolle im Jugendmedienschutz-Staatsvertrag. Freiwillige Selbstkontrollen gibt es im Kultur- und Mediensektor in der Filmwirtschaft (Freiwillige Selbstkontrolle der Filmwirtschaft, FSK), dem privaten Fernsehen (Freiwillige Selbstkontrolle Fernsehen, FSF), von Telemedienangeboten (Freiwillige Selbstkontrolle Multimedia-Diensteanbieter, FSM) und der Computerspielewirtschaft (Unterhaltungssoftware Selbstkontrolle, USK). Der Deutsche Presserat übernimmt mit Blick auf Printmedien sowie journalistische Online-Angebote eine freiwillige journalistische Selbstkontrolle.

Freiwillige Selbstkontrolle der Filmwirtschaft

Die FSK ist eine Einrichtung der Spitzenorganisation der Filmwirtschaft (SPIO), in der sich 16 film- und videowirtschaftliche Verbände zusammengeschlossen haben. Die FSK arbeitet unabhängig und nimmt die freiwillige Altersfreigabeprüfung von Filmen vor. Die in der SPIO zusammengeschlossenen Verbände haben ihre Mitglieder, also die Unternehmen verpflichtet, nur solche Filme im Kino oder als DVD, Blu-ray oder VHS anzubieten, die eine Altersfreigabekennzeichnung haben. Grundlage der FSK-Prüfung sind das Jugendschutzgesetz sowie die FSK-Grundsätze. Die FSK-Alterskennzeichnung kennt folgende Altersklassen: 0, 6, 12, 16 und 18 Jahre. Die Alterskennzeichnung ist auf Trägermedien deutlich erkennbar. Die Prüfung von Filmen ist nicht vorgeschrieben, sondern erfolgt auf Antrag. In der Praxis durchlaufen alle in Deutschland im Kino vorgeführten oder im Handel erhältlichen Filme die FSK-Prüfung.
www.fsk.de

Freiwillige Selbstkontrolle Fernsehen

Private Fernsehanbieter in Deutschland haben sich in der Freiwilligen Selbstkontrolle Fernsehen (FSF) zusammengeschlossen. Die FSF wurde 1993 gegründet und nahm Anfang 1994 ihre Prüftätigkeit auf, seit 2003 ist Grundlage der Prüftätigkeit der Jugendmedienschutz-Staatsvertrag. Die Prüfer legen anhand der Altersfreigaben nach dem Jugendschutzgesetz (0, 6, 12, 16 und 18 Jahre) fest, zu welchen Sendezeiten Sendungen ausgestrahlt werden können. Sendungen ohne Altersbeschränkung und solche ab 6 Jahren können im Tagesprogramm ab 6.00

Uhr gesendet werden, Sendungen mit einer Altersfreigabe ab 12 Jahren können im Hauptprogramm zwischen 20.00 und 6.00 Uhr sowie im Tagesprogramm ab 6.00 Uhr gesendet werden, wenn das Wohl jüngerer Kinder der Platzierung nicht entgegensteht. Sendungen mit einer Altersfreigabe ab 16 Jahren können zwischen 22.00 und 6.00 Uhr gesendet. Sendungen, die keine Jugendfreigabe haben, können im Nachtprogramm zwischen 23.00 und 6.00 Uhr ausgestrahlt werden. Seit dem Jahr 2012 ist die FSF auch im Bereich der fernsehähnlichen Telemedien tätig. Weiter widmet sich die FSF medienpädagogischen Aufgaben.
www.fsf.de

Freiwillige Selbstkontrolle Multimedia-Diensteanbieter
Im Verein Freiwillige Selbstkontrolle Multimedia-Diensteanbieter (FSM) haben sich Telemedienanbieter zusammengeschlossen. Die FSM setzt sich für eine Stärkung des Jugendmedienschutzes ein und tritt dafür ein, illegale, jugendgefährdende und entwicklungsbeeinträchtigende Inhalte in Onlinemedien einzudämmen. Die FSM hat mit ihren Mitgliedern Selbstverpflichtungen für die Onlinewelt formuliert. Grundlage ist die im Jugendmedienschutz-Staatsvertrag formulierte regulierte Selbstkontrolle. Die FSM unterhält eine Beschwerdestelle bei der sich jeder Internetnutzer über illegale Internetinhalte beschweren kann. Die Beschwerden werden auf einen möglichen Verstoß gegen die Verhaltensgrundsätze der FSM geprüft. Insbesondere werden Beschwerden bearbeitet, die sich gegen folgende Inhalte richten: Kinderpornographie; frei zugängliche Pornographie; Darstellungen von Kindern und Jugendlichen in unnatürlich geschlechtsbetonter Körperhaltung; verherrlichende, verharmlosende oder menschenunwürdige Gewaltdarstellungen; volksverhetzende und kriegsverherrlichende Darstellungen, verfassungsfeindliche Propagandamittel und Kennzeichen verfassungswidriger Organisationen; indizierte Inhalte sowie sonstige jugendgefährdende Inhalte, die frei zugänglich sind, und Inhalte, die nach dem Jugendmedienschutz-Staatsvertrag unzulässig sind.
www.fsm.de

GEMA
Die »Gesellschaft für musikalische Aufführungs- und mechanische Vervielfältigungsrechte« (GEMA) geht auf eine Gründung aus dem Jahr 1903 zurück. Sie ist die erste Verwertungsgesellschaft in Deutschland. Mitglieder der GEMA können Komponisten, Textdichter und Musikverleger werden. Die GEMA hat die Rechtsform eines wirtschaftlichen Vereins kraft Verleihung. Die GEMA nimmt die Rechte ihrer Mitglieder sowie der Wahrnehmungsberechtigten wahr. Komponisten, Textdichter und Musikverleger können die GEMA durch Abschluss eines Wahrnehmungsvertrags damit beauftragen, die Nutzungsrechte für die Nutzung von Musik wahrzunehmen. Das eingenommene Geld wird abzüglich der Verwaltungskosten nach einem von der Mitgliederversammlung der GEMA festgelegten Schlüssel an die Mitglieder und Wahrnehmungsberechtigten verteilt. Die rechtlichen Grundlagen für die Arbeit der GEMA bilden das Urheberrechtsgesetz (Gesetz über Urheberrecht und verwandte Schutzrechte) und das Urheberrechtswahrnehmungsgesetz (Gesetz über die Wahrnehmung von Urheberrechten und verwandten Schutzrechten). Laut Urheberrechtswahrnehmungsgesetz ist die GEMA verpflichtet, einen Teil ihrer Einnahmen sozialen und kulturellen Zwecken zukommen zu lassen. Sie erfüllt diese Aufgabe durch Projektförderungen sowie verschiedene Stiftungen.
www.gema.de

Gemeindefinanzierungsreform
Als eigene Steuer zur Finanzierung ihrer Ausgaben haben die Gemeinden lediglich die Gewerbesteuer, deren Hebesätze sie festlegen können. Ansonsten erhalten die Gemeinden einen Anteil an der Umsatz- sowie der Lohn- und Einkommenssteuer. Gegenstand verschiedener Kommissionen von Bund und Ländern zur Gemeindefinanzierung war in den letzten Jahren die Frage, wie die finanzielle Ausstattung der Gemeinden verbessert werden kann, nicht zuletzt von Aufgaben, die ihnen durch Bundesgesetze auferlegt werden. Zuletzt fand eine Reform im Rahmen des »Gesetz zur Neuordnung der Gemeindefinanzen« (Gemeindefinanzreformgesetz) im Jahr 2012 statt.

Gemeinwohl
Gemeinwohl ist ein Begriff, dessen Vorläufer bis auf die Antike zurückgehen. Das Gemeinwohl wird vom Einzelinteresse einer Gemeinschaft abgegrenzt. Unternehmensformen, die nicht gewinnorientiert sind, wie z. B. der öffentlich-rechtliche Rundfunk, werden als gemeinwohlorientiert beschrieben. Im Grundgesetz finden sich Regeln, die eine Einschränkung der Eigentumsrechte zugunsten der Allgemeinheit (Gemeinwohl) vorsehen. Eine wichtige Frage in der Forschung ist, ob das Gemeinwohl bereits im Vorfeld (ex ante) oder erst im Rückblick (ex post) bestimmt werden kann.

General Agreement on Trade in Services
Das General Agreement on Trade in Services (GATS) oder zu deutsch »Allgemeines Abkommen über den Handel mit Dienstleistungen« ist ein internationales Handelsabkommen der Welthandelsorganisation (WTO). Ziel ist die fortwährende Liberalisierung des weltweiten Handels mit Dienstleistungen. Von dieser Liberalisierung sollen nur solche Dienstleistungen ausgenommen werden, die in staatlicher Hoheit erbracht werden oder im allgemeinen Interesse liegen. Das GATS schließt an die bereits in den 1990er-Jahren beschlossenen Regeln zur Liberalisierung des Handels mit Gütern (Allgemeines Zoll- und Handelsabkommen, GATT) an. Im Rahmen von GATT fanden bereits erste Gespräche zur Liberalisierung des Handels mit Dienstleistungen sowie Schutz geistiger Eigentumsrechte (Übereinkommen über handelsbezogene Aspekte der Rechte am geistigen Eigentum, TRIPS), statt. Das GATS trat im Jahr 1995 in Kraft. Seit dem Jahr 2000 läuft eine Verhandlungsrunde zum weiteren Ausbau des GATS. Für die Mitgliedstaaten der EU nimmt die Europäische Kommission die Verhandlungsführung wahr. Angesichts der stockenden Verhandlungen zum GATS gibt es verschiedene bi- und multilaterale Verhandlungen über Abkommen zum Handel mit Gütern und Dienstleistungen. Eines dieser Abkommen ist das Transatlantische Freihandelsabkommen zwischen der USA und der EU »Transatlantic Trade and Investment Partnership (TTIP)«.

Gesellschaft für Konsumforschung
Die Gesellschaft für Konsumforschung (GfK) wurde im Jahr 1934 als wissenschaftliches Institut gegründet. Ziel war es, Marktforschung in Deutschland zu betreiben. Seit den 1960er-Jahren arbeitet die GfK international. Im Jahr 2005 wurde NOP World übernommen. Seither gehört die GfK zu den fünf größten Marktforschungsunternehmen der Welt. Die GfK ist sowohl im Bereich der Erhebung als auch der Auswertung von Daten zum Verbraucherverhalten aktiv. Sie liefert damit Unternehmen Daten für Marketing- und Markenentscheidungen.
www.gfk.de

Gesellschaft für technische Zusammenarbeit
→ Deutsche Gesellschaft für technische Zusammenarbeit

Goethe-Institut
Das Goethe-Institut wurde im Jahr 1951 als Nachfolger der Deutschen Akademie gegründet. Seine vornehmliche Aufgabe war die Fortbildung ausländischer Deutschlehrer in Deutschland. Mitte der 1950er-Jahre übernahm das Goethe-Institut die ersten ehemaligen Auslandsdozenturen der Deutschen Akademie. Ab 1960 wurden dem Goethe-Institut im Ausland befindliche Kulturinstitute angegliedert. Damit begann der Aufbau eines Institutsnetzes. Seit Ende der 1960er-Jahre greift das Goethe-Institut in seiner Programmarbeit gesellschaftliche Themen auf und widmet sich der zeitgenössischen, avantgardistischen Kunst. Die Arbeit des Goethe-Instituts als Mittlerorganisation der Auswärtigen Kultur- und Bildungspolitik steht in engem Zusammenhang mit den Akzenten, die von Seiten der Bundesregierung in der Auswärtigen Kultur- und Bildungspolitik gesetzt werden. Im Jahr 2001 fusionierte das Goethe-Institut mit Inter Nationes. In seinem Leitbild formuliert das Goethe-Institut, dass es als »Kulturinstitut der Bundesrepublik Deutschland das vielfältige Bild Deutschlands in die Welt trägt«, den Zugang zur deutschen Sprache, Kultur und Gesellschaft eröffnet und die internationale kulturelle Zusammenarbeit fördert.
www.goethe.de

GRIPS Theater
Der Beginn des GRIPS Theaters liegt 1969 in West-Berlin. Es ging aus dem »Theater für Kinder im Reichskabarett« hervor, seit 1972 hat es den Namen GRIPS Theater. Das GRIPS Theater steht in engem Zusammenhang mit der 68er-Bewegung und den seinerzeit gegründeten Kin-

derläden. Ziel war es, ein Theater für Kinder zu machen, das an den Erfahrungen von Kindern ansetzt und sich gesellschaftskritisch mit dem Leben von Kindern und Jugendlichen auseinandersetzt. Das GRIPS Theater versteht sich als ein Theater für alle Generationen, Kulturen und Schichten der Gesellschaft.
www.grips.de

Grundsicherung
Unter Grundsicherung werden Unterstützungsmaßnahmen für Rentner sowie für Menschen, die dauerhaft voll erwerbsgemindert sind, verstanden. Grundlage für die Grundsicherung ist das Sozialgesetzbuch XII. Die Grundsicherung wird aus Steuermitteln finanziert. Die Grundsicherung ist eine Hilfe zum Lebensunterhalt, wenn keine ausreichende Rente vorliegt. Ein Rückgriff auf das Vermögen von Kindern findet dabei nicht statt. Angerechnet werden alle Einkünfte. Dazu gehören auch Arbeitseinkommen aus geringfügiger Beschäftigung, gesetzliche Rente, Renten aus privater oder betrieblicher Vorsorge, Kindergeld, Leistungen nach dem Unterhaltsvorschussgesetz.

H

Haus der Geschichte
→ Stiftung Haus der Geschichte der Bundesrepublik Deutschland

Haus der Kulturen der Welt
Das Haus der Kulturen der Welt (HKW) hat 1989 in Berlin in der ehemaligen Kongresshalle im Tiergarten (Schwangere Auster) seine Arbeit aufgenommen. Das HKW hat sich von Beginn an gegen Fremdenfeindlichkeit und für mehr Toleranz eingesetzt. Es ist in der multikulturellen Szene Berlins fest verankert. Heute ist das HKW ein Ort für internationale zeitgenössische Künste und ein Forum für aktuelle künstlerische, kulturelle und gesellschaftliche Diskurse. Ein Schwerpunkt seiner Arbeit sind die außereuropäischen Kulturen und Gesellschaften. Das HKW bildet zusammen mit den Berliner Festspielen und den Internationalen Filmfestspielen Berlin die »Kulturveranstaltungen des Bundes in Berlin GmbH«, die von Der Beauftragten der Bundesregierung für Kultur und Medien gefördert wird. Weiter bearbeitet das HKW Projekte im Auftrag des Auswärtigen Amts und ist in diesem Zusammenhang im Bereich der Auswärtigen Kultur- und Bildungspolitik aktiv.
www.hkw.de

Haushaltsrecht
Das Haushaltsrecht bezieht sich auf Planung, Feststellung, Vollzug und Kontrolle von Einnahmen und Ausgaben der öffentlichen Hand. Bis zum Jahr 1969 galten in der Bundesrepublik Deutschland die Regeln der Reichshaushaltsordnung aus dem Jahr 1922. Erst im Jahr 1969 wurde ein Rahmen für ein neues Haushaltsrecht des Bundes geschaffen. Maßgeblich hierfür waren das »Gesetz zur Förderung der Stabilität und des Wachstums der Wirtschaft« (StWG), die Haushaltsverfassungsvorschriften im Grundgesetz, das für Bund und Länder geltende Haushaltsgrundsätzegesetz sowie die Bundeshaushaltsordnung. Seither wurde das Haushaltsrecht mehrfach modernisiert. Die Haushalte von Bund und Ländern werden in jeweiligen Haushaltsgesetzen verabschiedet. Gemeinden verabschieden eine Haushaltssatzung, die in der Gemeindeordnung bzw. der Gemeindehaushaltsverordnung näher beschrieben wird. Das Grundprinzip des Haushaltsrechts, das Jährlichkeitsprinzip, erfuhr in den letzten Jahren durch eine Erweiterung der Übertragbarkeit eine Einschränkung.

Haushaltssicherungsgesetze
Ein Haushaltssicherungsgesetz ist ein Gesetz zur Sicherung des Haushaltsplans.

Haushaltssicherungskonzept
Haushaltssicherungskonzepte müssen überschuldete Kommunen der Kommunalaufsicht, je nach Bundesland den Innenministerien oder Regierungsbezirken, vorlegen. Die Rechtsgrundlage ist in den Gemeindeordnungen gelegt. Ziel von Haushaltssicherungskonzepten ist, innerhalb eines Zeitraums von zehn Jahren einen ausgeglichenen Haushalt zu erreichen. Die betroffenen Kommunen müssen ihre Haushalte von der Kommunalaufsicht genehmigen lassen, die insbesondere die freiwilligen Leistungen auf den Prüfstand stellen.

Humboldtforum
→ Stiftung Berliner Schloss – Humboldtforum

I

Illegales Kopieren
Unter illegalem Kopieren wird die Anfertigung einer Kopie eines urheberrechtlich geschützten Werkes verstanden, die nicht durch die erlaubte Privatkopie im Urheberrecht abgedeckt ist. Auch wenn das Phänomen des Kopierens und der Raubkopien nicht neu ist, hat es erst durch die digitalen Techniken, die die Erstellung eines Klons ohne Qualitätsverlust zum Original erlauben, größere wirtschaftliche Bedeutung erhalten. Das illegale Kopieren urheberrechtlich geschützter Werke ist strafbar.

Informationsbüros für die Europäischen Kulturförderprogramme (CCP)
Das Informationsbüro für die Europäischen Kulturförderprogramme, Cultural Contact Point (CCP), wurde 1997 vom Deutschen Kulturrat in Kooperation mit der Kulturpolitischen Gesellschaft gegründet. Ziel des CCP ist es, über die Europäische Kulturförderprogramme zu beraten und Hilfestellung bei der Antragstellung zu geben. Seit 2004 ist die Kulturpolitische Gesellschaft Träger des CCP. Der Deutsche Kulturrat war bis zum 31. Dezember 2013 Kooperationspartner. Das CCP wird unter anderem aus Mitteln Der Beauftragten der Bundesregierung für Kultur und Medien finanziert.
www.ccp-deutschland.de

Initiative D64
→ D64 – Zentrum für digitalen Fortschritt

Institut für Auslandsbeziehungen
Das Institut für Auslandsbeziehungen (ifa) geht auf eine Gründung aus dem Jahr 1917 zurück. Es wurde 1917 als »Museum und Institut zur Kunde des Auslandsdeutschtums und zur Förderung deutscher Interessen im Ausland« in Stuttgart gegründet und noch im selben Jahr in »Deutsches Auslandsinstitut« umbenannt. Kernaufgabe war die Verbesserung des Ansehens Deutschlands in der Welt, die Beratung Auswanderungswilliger und die Betreuung von Auslandsdeutschen. Das Deutsche Auslandsinstitut unterhielt eine Fachbibliothek und gab eine Zeitschrift heraus. Im Jahr 1933 wurde das Institut gleichgeschaltet. Es beteiligte sich an Rassenpolitik, arbeitete mit der Gestapo und NSDAP zusammen. Ein Arbeitsgebiet war unter anderem die Propagierung, Vorbereitung, Durchführung und Auswertung von Umsiedlungen in den eroberten osteuropäischen Gebieten. Das Deutsche Auslandsinstitut konnte nach 1945 vorerst weiterarbeiten. Es wurde im Juli 1949 als »Institut für Auslandsbeziehungen« (ifa) neu gegründet. Der erste Bundespräsident der neuen Bundesrepublik Deutschland Theodor Heuss sprach vom ifa als einer »Elementarschule für den Verkehr mit dem Ausland«. Das ifa organisierte Ausstellungen bildender Kunst und führte Seminare durch, in denen Ausländer über das Ausland informierten. Ebenso wurden Deutschkurse für Ausländer durchgeführt. Ein Schwerpunkt war ab Anfang der 1970er-Jahre die Vermittlung von Ausstellungen deutscher bildender Kunst in das Ausland. Kunst aus dem Ausland wurde in den ifa-Galerien gezeigt. Heute gehört das ifa zu den Mittlerorganisationen der Auswärtiger Kultur- und Bildungspolitik. Es gibt neben der Zeitschrift Kulturaustausch weitere Publikationen zur Auswärtigen Kultur- und Bildungspolitik heraus, unterhält eine Fachbibliothek und führt Forschungsprogramme durch.
www.ifa.de

Institutionelle Förderung
Die Institutionelle Förderung ist eine Zuwendungsform, bei der die gesamten Ausgaben oder ein nicht abgegrenzter Teil der Ausgaben eines Zuwendungsempfängers aus der Zuwendung finanziert werden. Grundlage für die Gewährung von Zuwendungen sind die Paragraphen 23 und 44 der Bundeshaushaltsordnung (siehe hierzu auch Haushaltsrecht), in denen unter anderem beschrieben wird, dass der Staat zur Erfüllung von Aufgaben, an denen er ein erhebliches Interesse hat, die er aber nicht auf andere Weise erfüllen kann, Zuwendungen ausreichen kann. Die Mittel müssen jedes Jahr neu beantragt werden und werden jeweils nur für ein Jahr bereitgestellt. Dennoch handelt es sich bei Institutionellen Förderungen um Dauerförderungen. Typische institutionell geförderte Einrichtungen sind Forschungsinstitute der Leib-

niz-Gemeinschaft. Das Gegenstück zur Institutionellen Förderung ist die Projektförderung.

Institutionelle Kulturförderung
→ Institutionelle Förderung

Interessenverbände
Die Bildung von Vereinen und Zusammenschlüssen ist grundgesetzlich verbürgt. Die Besonderheit von Interessenverbänden besteht darin, dass sie politische Interessen verfolgen und auf die Gesetzgebung Einfluss nehmen wollen. Beim Präsidenten des Deutschen Bundestags besteht eine Liste, in der Spitzenverbände mit bundespolitischem Interesse (Lobbyliste) eingetragen sind. Interessenverbände bündeln die Meinungen ihrer Mitglieder, seien es natürliche oder juristische Personen, und vertreten diese Interessen gegenüber der Öffentlichkeit, der Politik, der Verwaltung und den Medien. In den Geschäftsordnungen des Deutschen Bundestags und der Bundesregierung ist niedergelegt, dass Interessenverbände in die Entscheidungsfindung einbezogen werden sollen. So werden Vertreter von Interessenverbänden sowohl von Ausschüssen des Deutschen Bundestags angehört, als auch bei Anhörungen von Ministerien gehört.

Interkulturelle Bildung
Unter interkultureller Bildung wird angesichts der Globalisierung die permanente Aufgabe verstanden, sich mit der Kultur im Ausland, aus dem Ausland sowie der im Inland lebenden Menschen ausländischer Herkunft auseinanderzusetzen. Interkulturelle Bildung ist so eine gesamtgesellschaftliche Querschnittsaufgabe, die jeden betrifft. Insbesondere Kultur- und Bildungseinrichtungen sind gefordert, interkulturelle Bildung in die Bildungsangebote zu integrieren.

Internationale Weiterbildung und Entwicklung – InWent
Im Jahr 2002 wurde die Internationale Weiterbildung und Entwicklung gGmbH (InWent) gegründet. Sie ist ein Zusammenschluss der Deutschen Stiftung für internationale Entwicklung und der Carl-Duisberg-Gesellschaft. Die Hauptaufgabe bestand in der Qualifizierung von Fach- und Führungskräften aus Entwicklungsländern. Im Jahr 2010 fusionierte InWent mit dem Deutschen Entwicklungsdienst und der Deutschen Gesellschaft für technische Zusammenarbeit (GTZ) zur Deutschen Gesellschaft für Internationale Zusammenarbeit (GIZ).

J

Jedem Kind ein Instrument
Jedem Kind ein Instrument (Jeki) ist ein Programm, dass jedem Grundschulkind im Ruhrgebiet die Möglichkeit eröffnet, ein Musikinstrument seiner Wahl zu erlernen. Das Programm wurde in den Jahren 2007 bis 2011 von der Kulturstiftung des Bundes, dem Land Nordrhein-Westfalen und der Zukunftsstiftung Bildung in der GLS Treuhand e.V. gefördert. Anknüpfungspunkt war die Kulturhauptstadt Ruhr 2010, die einen Schwerpunkt im Bereich der kulturellen Bildung setzte. Mit dem Schuljahr 2011/12 endete die finanzielle Beteiligung der Kulturstiftung des Bundes. Das Vorhaben wird nunmehr allein vom Land Nordrhein-Westfalen finanziert. Träger des Projektes ist die Stiftung Jedem Kind ein Instrument. Die Arbeit der Stiftung soll auch dem Erfahrungsaustausch zwischen Musikschulen und allgemeinbildenden Schulen dienen.
www.jedemkind.de

Jüdisches Museum
In den 1970er-Jahren wurde im Stadtgeschichtlichen Museum von Berlin-West eine Jüdische Abteilung eingerichtet. Diese Sammlung befand sich im alten Kammergericht in der Lindenstraße. Sie wurde stetig erweitert, sodass Teile im Martin-Gropius-Bau untergebracht werden mussten. 2001 wurde die Stiftung Jüdisches Museum Berlin errichtet und der Bund übernahm die finanzielle Förderung des Museums. Die Berliner Sammlung ging auf die Stiftung Jüdisches Museum Berlin über. Der neben dem alten Kammergericht befindliche Libeskind-Bau gehört zum Museumsensemble. Neben der Präsentation der Sammlung ist der Bau selbst ein Ort der Erinnerung an jüdisches Leben in Deutschland. Im Jahr 2007 wurde der Glashof überdacht und damit ein zusätzlicher Veranstaltungsort geschaffen. Im Jahr 2012 wurde der Eric F. Ross Bau eröffnet, der der Bildungsarbeit gewidmet ist und einen Lesesaal sowie eine Präsenzbibliothek enthält.

Das Jüdische Museum Berlin beherbergt eine Dauerausstellung zu jüdischem Leben in Deutschland und präsentiert Wechselausstellung, die jüdisches Leben in Deutschland in Vergangenheit und Gegenwart zum Thema haben. *www.jmberlin.de*

K

Kinder zum Olymp

Das Projekt Kinder zum Olymp ist eine Initiative der Kulturstiftung der Länder. 2004 trat die Initiative erstmals mit einem Kongress in Leipzig in die Öffentlichkeit. Seither findet alle zwei Jahre ein bundesweiter Kongress zur kulturellen Bildung von Kinder zum Olymp statt. Kinder zum Olymp hat sich zum Ziel gesetzt, gute Beispiele kultureller Bildung vorzustellen und so möglichst Nachahmer zu gewinnen. Jedes Jahr findet im Rahmen von Kinder zum Olymp ein bundesweiter Wettbewerb statt, an dem sich Schulen und Schulprojekte beteiligen können, in denen sich die Schüler in kulturellen Projekten engagieren und eigene künstlerische Erfahrungen sammeln können. *www.kinderzumolymp.de*

Kooperationsverbot zwischen Bund und Ländern

Seit der Föderalismusreform I (siehe hierzu »Kommission von Bundestag und Bundesrat zur Modernisierung der bundesstaatlichen Ordnung«) darf der Bund den Ländern und Kommunen keine direkten Haushaltmittel zur Verfügung stellen, um Bildungsaufgaben zu finanzieren. Die seit 1970 bestehende Gemeinschaftsaufgabe Bildungsplanung wurde im Jahr 2007 aufgegeben.

Kommission von Bundestag und Bundesrat zur Modernisierung der bundesstaatlichen Ordnung

Die Kommission von Bundestag und Bundesrat zur Modernisierung der bundesstaatlichen Ordnung (2003–2004) (Föderalismuskommission I) bestand aus insgesamt 32 stimmberechtigten Mitgliedern, die sich aus Abgeordneten aller im Deutschen Bundestag vertretenen Parteien und Vertretern des Bundesrats zusammensetzte und 25 nicht stimmberechtigten Mitgliedern. Nicht stimmberechtigt waren die Bundesjustizministerin, der Bundesfinanzminister, die Verbraucherschutzministerin und der Chef des Bundeskanzleramtes vonseiten der Bundesregierung, sechs Vertreter der Landtage und drei Vertreter der Kommunalen Spitzenverbände sowie 12 Wissenschaftler. Die Föderalismuskommission I hatte zum Ziel, die Zuständigkeiten von Bund und Ländern klarer zu gliedern und Mischzuständigkeiten zu entflechten. In diesem Zusammenhang befasste sich die Föderalismuskommission I unter anderem mit den Zuständigkeiten und Mitwirkungsrechten der Länder an der Bundesgesetzgebung. Die Mitwirkungsrechte sollten eingeschränkt werden, damit der Bundesrat nicht parteipolitisch motiviert Vorhaben von Bundesregierung und Bundestag blockieren kann. Weiter befasste sich die Föderalismuskommission I mit den Finanzbeziehungen zwischen Bund und Ländern. Hier ging es vor allem um Mischfinanzierungen und Gemeinschaftsaufgaben. Im Zuge der Föderalismuskommission I wurde im Jahr 2007 die Gemeinschaftsaufgabe Bildungsplanung aufgegeben und die Tätigkeit der seit 1970 auf einem Verwaltungsabkommen zwischen Bund und Ländern beruhende Bund-Länder-Kommission für Bildungsplanung und Forschungsförderung (BLK) beendet. Zum 1. Januar 2008 hat die Gemeinsame Wissenschaftskonferenz (GWK) ihre Tätigkeit aufgenommen, die sich mit Bund und Länder gemeinsam angehenden Fragen der Forschungsförderung, der wissenschafts- und forschungspolitischen Strategien und dem Wissenschaftssystem befasst.

Kommission von Bundestag und Bundesrat zur Modernisierung der Bund-Länder-Finanzbeziehungen

Die Kommission von Bundestag und Bundesrat zur Modernisierung der Bund-Länder-Finanzbeziehungen (2007–2009) (Föderalismuskommission II) befasst sich, wie der Name schon sagt, mit den Finanzbeziehungen zwischen Bund und Ländern. Der Föderalismuskommission II gehörten 32 stimmberechtigte Mitglieder an, darunter waren 16 Abgeordnete des Deutschen Bundestags und 16 Vertreter des Bundesrats. Antrags- und Rederecht hatten vier Vertreter der Landtage. Weiter zählten zu den Mitgliedern drei Vertreter der Kommunalen Spitzenverbände. Ziel der Föderalismuskommission II war es, die

Finanzbeziehungen zwischen Bund und Ländern neu zu ordnen. In diesen Komplex gehört unter anderem die Gesetzgebung des Bundes, deren finanzielle Lasten Länder und Kommunen zu tragen haben, der Länderfinanzausgleich sowie die Begrenzung der Staatsverschuldung. Im Zuge der Föderalismuskommission II wurde die Schuldenbremse in das Grundgesetz eingefügt.

Korb I (Urheberrecht)
Nach der Verabschiedung »Richtlinie 2001/29/EG des Europäischen Parlaments und des Rates vom 22. Mai 2001 zur Harmonisierung bestimmter Aspekte des Urheberrechts und der verwandten Schutzrechte in der Informationsgesellschaft« (EU-Richtlinie zum Urheberrecht in der Informationsgesellschaft) war es erforderlich, das deutsche Urheberrecht den europäischen Vorgaben anzupassen. Mit dem »Ersten Gesetz zur Regelung des Urheberrechts in der Informationsgesellschaft« setzte die Bundesrepublik zeitnah nach Inkrafttreten der genannten Richtlinie die zwingend vorgeschriebenen Aspekte aus der Richtlinie um. Hierzu gehörte unter anderem die Einführung von Regelungen zur öffentlichen Zugänglichmachung von urheberrechtlich geschützten Werken.

Korb II (Urheberrecht)
Mit dem »Zweiten Gesetz zur Regelung des Urheberrechts in der Informationsgesellschaft« wurde das deutsche Urheberrecht weiter an die Anforderungen der Informationsgesellschaft angepasst. Befristet eingeführt wurde § 52 a im Urheberrecht, der ermöglicht, geringe Teile eines Werkes für Unterrichtszwecke und für einen abgegrenzten Teilnehmerkreis ohne Zustimmung des Rechteinhabers zugänglich zu machen. Die zunächst bis Ende 2006 vorgesehene Befristung gilt nach dem »Siebten Gesetz zur Änderung des Urheberrechts« zunächst bis zum 31. Dezember 2014. Im § 52 b Urheberrechtsgesetz wurde im Rahmen des Korbes II geregelt, wie Bibliotheken digitale Werke an elektronischen Leseplätzen zugänglich machen können. Der Fernversand von Kopien wird in § 53 a geregelt. Verändert wurde im Rahmen von Korb II die Regelung zur Höhe der Vergütung von Geräteabgaben. Bis zum Inkrafttreten von Korb II wurde die Höhe auf dem Verordnungsweg durch das Bundesministerium der Justiz festgelegt. Seither müssen Verwertungsgesellschaften und die Geräteindustrie durch empirische Marktuntersuchungen ermitteln, inwiefern Geräte überhaupt für Vervielfältigung genutzt werden und dann auf dem Verhandlungsweg die Höhe der Pauschalvergütung festlegen. Die Pauschalvergütung soll in einem wirtschaftlich angemessenen Verhältnis zum Gerätepreis stehen.

Kulturagentenprogramm
→ Kulturagenten für kreative Schulen

Kulturagenten für kreative Schulen
»Kulturagenten für kreative Schulen« ist ein Modellprogramm der Kulturstiftung des Bundes und der Stiftung Mercator. Das Programm findet in den Bundesländern Baden-Württemberg, Berlin, Hamburg, Nordrhein-Westfalen und Thüringen statt. Es startete zum Schuljahr 2011/2012 und ist auf vier Jahre angelegt. In das Projekt sind 138 Schulen eingebunden, die mit 46 Kulturagenten zusammenarbeiten. Das Projekt zielt darauf ab, in den vier Jahren ein umfassendes, fächerübergreifendes Angebot der kulturellen Bildung in den beteiligten Schulen sowie die Zusammenarbeit von Schulen mit Kulturinstitutionen aufzubauen. Von den beteiligten Schulen soll eine Signalwirkung ausgehen und sie sollen zum Nachahmen anregen. Kunst und Kultur sollen so ein fester Bestandteil der Schule werden. Die Schulen arbeiten mit Künstlern unterschiedlicher Sparten zusammen.
www.kulturagenten-programm.de

Kulturausschuss (Bundestag)
→ Ausschuss für Kultur und Medien des Deutschen Bundestags

Kulturelle Bildung
Unter kultureller Bildung wird die aktive und rezeptive Auseinandersetzung mit Kunst und Kultur verstanden. Kulturelle Bildung umfasst sowohl die künstlerischen Schulfächer Darstellendes Spiel, Kunst und Musik als auch die außerschulische Kinder- und Jugendbildung wie auch die kulturelle Erwachsenenbildung einschließlich spezieller Angebote für Senioren. Die Kulturvermittlung ist ein Teil der kulturellen Bildung. Zur kulturellen Bildung gehört aber auch die Vorbereitung auf eine künstlerische Laufbahn. Speziell in der Musik und im Tanz

beginnt die Ausbildung für eine künstlerische Laufbahn bereits im Kindesalter. Kulturelle Bildung findet z. B. in der Schule, in Einrichtungen der kulturellen Bildung, in Kirchen sowie der Erwachsenenbildung, in Kultureinrichtungen sowie in nicht formalen Kontexten statt.

Kulturelle Grundversorgung

Der Begriff der Kulturellen Grundversorgung ist eng mit dem der kulturellen Infrastruktur verbunden. Er ist im Verlauf der 1990er-Jahre entstanden und bezieht sich darauf, dass Kommunen ein Grundangebot an kulturellen Einrichtungen selbst bereithalten oder aber Einrichtungen und Vereine, die ein kulturelles Angebot bereithalten, finanziell unterstützen. Mit dem Begriff der kulturellen Grundversorgung wird unterstrichen, dass Kunst und Kultur integraler Bestandteil des Lebens einer Kommune sind.

Kulturelle Infrastruktur

Unter kultureller Infrastruktur werden die Einrichtungen und Institutionen verstanden, die eine kulturelle Grundversorgung ermöglichen. Typische Institutionen, die zur kulturellen Infrastruktur gehören sind beispielsweise Bibliotheken, Museen, Musikschulen oder auch Theater. Die kulturelle Infrastruktur bezieht sich allerdings nicht allein auf Institutionen in Trägerschaft der öffentlichen Hand. Privatwirtschaftliche Unternehmen wie beispielsweise Galerien, Buchhandlungen oder auch Clubs leisten ebenso einen Beitrag zur kulturellen Infrastruktur wie Vereine, die von bürgerschaftlichem Engagement getragen werden.

Kulturelle Vielfalt

Der Begriff der kulturellen Vielfalt hat insbesondere im Kontext der Erarbeitung des »UNESCO-Übereinkommens über den Schutz und die Förderung der Vielfalt kultureller Ausdrucksformen« an Bedeutung gewonnen. Kulturelle Vielfalt wird in diesem, im Jahr 2005 erarbeiteten und im Jahr 2007 in Kraft gesetzten, völkerrechtlich verbindlichen Abkommen folgendermaßen definiert: »Kulturelle Vielfalt bezieht sich auf die mannigfaltige Weise, in der die Kulturen von Gruppen und Gesellschaften zum Ausdruck kommen. Diese Ausdrucksformen werden innerhalb von Gruppen und Gesellschaften sowie zwischen ihnen weitergegeben. Die kulturelle Vielfalt zeigt sich nicht nur in der unterschiedlichen Weise, in der das Kulturerbe der Menschheit durch eine Vielzahl kultureller Ausdrucksformen zum Ausdruck gebracht, bereichert und weitergegeben wird, sondern auch in den vielfältigen Arten des künstlerischen Schaffens, der Herstellung, der Verbreitung, des Vertriebs und des Genusses von kulturellen Ausdrucksformen, unabhängig davon, welche Mittel und Technologien verwendet werden.« In Deutschland findet der Begriff der kulturellen Vielfalt unter anderem mit Blick auf die Wertschätzung und die Förderung von künstlerischen Ausdrucks- und Vermittlungsformen der verschiedenen im Land lebenden Ethnien Anwendung. Ebenso wird mit dem Begriff unterstrichen, dass es traditionell in Deutschland verschiedene künstlerische und kulturelle Ausdrucksformen gibt, die teilweise in Volkskunst und Folklore ihren Ausdruck finden.

Kulturentwicklungsplanung

Die Kulturentwicklungsplanung ist in den Kontext der Bildungs- und anderer Planungsprozesse einzuordnen, die in den 1970er-Jahren eine große Bedeutung hatten. Die ersten Kulturentwicklungspläne wurden in Kommunen wie Bergkamen oder Oldenburg entwickelt. Es ging seinerzeit um den Ausbau der kulturellen Infrastruktur und die Implementierung neuer Förderfelder. Getragen war die Kulturentwicklungsplanung von Ideen der »Neuen Kulturpolitik«, die darauf abzielte mehr Menschen den Zugang zu Kunst und Kultur zu ermöglichen und den Kulturbegriff um kulturelle Bildung erweiterte. Obwohl Kulturentwicklung weiterhin praktizierte wurde, wurde es um den Begriff insbesondere in den 1990er-Jahren stiller. Erst seit 2010 ist wieder häufiger von einer Kulturentwicklungsplanung die Rede und einige Länder legen seither Kulturkonzeptionen vor.

Kulturetat

Der Kulturetat sind die Mittel, die in den öffentlichen Haushalten von Bund, Ländern und Kommunen für Kultur zur Verfügung gestellt werden. Im Kulturetat werden die Ausgaben abgebildet, die für die öffentlichen Kultureinrichtungen eingeplant sind und die für die Förderung von Kulturinstitutionen oder Kulturprojekten zur Verfügung gestellt werden. Seit 2008 wird vom Statistischen Bundesamt in Zusammenarbeit mit den Statistischen Landesämtern sowie unter Beteiligung des Deutschen Städtetags der »Kulturfinanzbericht« erstellt, in ihm werden gegliedert nach Gebietskörperschaften (Bund, Länder und Kommunen) sowie den Sparten Theater und Musik, Bibliotheken, Museen, Sammlungen und Ausstellungen, Denkmalschutz und Denkmalpflege, Kulturelle Angelegenheiten im Ausland, Kunsthochschulen, Kulturelle Angelegenheiten im Ausland sowie Verwaltung für kulturelle Angelegenheiten die Kulturausgaben ausgewiesen (Kulturstatistik).

Kulturgüter

Kulturgüter vermitteln oder sind Träger kultureller Ausdrucksformen. Typische Kulturgüter sind Bücher, Bilder, Skulpturen, Filme, Fotografien, Computerspiele und andere mehr. Kulturgüter haben einen Doppelcharakter. Kulturgüter sind ebenso eine Handelsware. Aufgrund ihres Doppelcharakters bedürfen sie eines besonderen Schutzes.

Kulturhauptstadt Europas

Die Kulturhauptstadt Europas ist eine Kulturinitiative der Europäischen Union, die seit den 1990er-Jahren durch die jeweiligen Kulturförderprogramme der Europäischen Union unterstützt wird. Die Initiative zur jährlichen Etablierung einer Kulturhauptstadt Europas ging in den 1980er-Jahren von der damaligen griechischen Kulturministerin Melina Mercouri aus. Von 1985 bis 1999 wurde jeweils eine Stadt in Europa Kulturstadt Europas. Seit 1999 gibt es das EU-Programm der Kulturhauptstadt Europa. Bis zum Jahr 2004 trug jeweils für ein Jahr eine Stadt in Europa diesen Titel und stellte sein spezifisches Profil vor. Seit 2004 tragen mindestens zwei Städte parallel diesen Titel. Ein wichtiges Ziel des EU-Programms Kulturhauptstadt Europa ist es, die Vielfalt und den kulturellen Reichtum Europas zu zeigen. Von der Kulturhauptstadt Europa geht jeweils auch eine kulturtouristische Wirkung aus. Kulturhauptstadt Europa waren bisher folgende deutsche Städte: West-Berlin (1988), Weimar (1999) und Essen für das Ruhrgebiet (2010). Im Jahr 2025 wird Deutschland das nächste Mal die Kulturhauptstadt Europa stellen.

Kulturinfrastruktur

→ Kulturelle Infrastruktur

Kulturmanagement-Studiengänge

In den 1980er-Jahren artikulierte sich der Bedarf nach akademisch gebildeten Fachkräften mit Doppelqualifikation in den Künsten und Betriebswirtschaft bzw. Recht. Die ersten Kulturmanagement-Studiengänge waren Aufbaustudiengänge, die entweder Absolventen künstlerischer oder geisteswissenschaftlicher Studiengänge eine Zusatzqualifikation in Betriebswirtschaft und Recht oder Absolventen der Betriebswirtschaft und Jura die besonderen Anforderungen künstlerischer Betriebe und künstlerischer Arbeitsprozesse vermittelten. Inzwischen sind Kulturmanagement-Studiengänge teilweise auch grundständige Bachelor- bzw. Masterstudiengänge. Kulturvermittlung ist zwischenzeitlich Bestandteil von Kulturmanagement-Studiengängen.

Kulturpolitikforschung

Die Kulturpolitikforschung befasst sich mit den Mechanismen und Wirkungen der Kulturpolitik. Sie ist damit einerseits ein Teilbereich der Politikwissenschaft, ist andererseits, z. B. an der Universität Hildesheim, ein eigener Lehr- und Forschungsbereich. Kulturpolitikforschung findet darüber hinaus in außeruniversitären Instituten, privaten und privatwirtschaftlichen Forschungseinrichtungen statt. Eine Vorreiterrolle der Kulturpolitikforschung hatte das Zentrum für Kulturforschung in Bonn, das in den 1970er-Jahren gegründet wurde und mit seinen quantitativen und qualitativen Forschungen die Aufmerksamkeit auf dieses Feld lenkte. In Kulturmanagement-Studiengängen ist Kulturpolitik, und damit die Lehre und Forschung in diesem Feld, zumeist integraler Bestandteil.

Kulturpolitikplanung

→ Kulturentwicklungsplanung

Kulturpolitische Gesellschaft

Die Kulturpolitische Gesellschaft ist ein Personenzusammenschluss von an Kulturpolitik interessierten Menschen. Sie wurde 1976 in Hamburg gegründet und hat nach Stationen in Bonn, Köln und Hagen seit 1996 ihren Sitz in Bonn. Die Kulturpolitische Gesellschaft ist par-

teipolitisch unabhängig und nicht an Kirchen oder Gewerkschaften gebunden. Sie vertritt keine berufsständischen Interessen. Sie setzt sich laut Grundsatzprogramm »für eine öffentlich verantwortete und auf allen institutionellen Ebenen aktiv gestaltende Kulturpolitik, die Individualität und soziale Verantwortung, Freiheit und Menschenwürde für alle Menschen einfordert« ein. Ein besonderes Anliegen der Kulturpolitischen Gesellschaft ist die Kulturentwicklungsplanung. Sie beteiligt sich daher an der Entwicklung entsprechender Konzepte. Die Kulturpolitische Gesellschaft ist Mitglied im Rat für Soziokultur und kulturelle Bildung und darüber dem Deutschen Kulturrat verbunden.
www.kupoge.de

Kulturstaatsminister
→ Der/Die Beauftragte/r der Bundesregierung für Kultur und Medien

Kulturstatistik
Unter Kulturstatistik wird in erster Linie die Bereitstellung von Daten zu Ausgaben und Einnahmen von Gemeinden, Ländern und dem Bund für Kunst und Kultur verstanden. Die Enquete-Kommission des Deutschen Bundestags »Kultur in Deutschland« hat Anstrengungen für eine bundesweite Kulturstatistik eingefordert. Das Statistische Bundesamt hat in Zusammenarbeit mit den Statistischen Landesämtern in den Jahren 2008, 2010 und 2012 Kulturfinanzberichte vorgelegt, die auf Daten der amtlichen und nicht-amtlichen Statistik beruhen.

Kulturstiftung (gemeinnützig)
Eine gemeinnützige Kulturstiftung hat die Förderung von Kunst und Kultur in ihrem Stiftungszweck festgeschrieben. Sie kann operativ tätig sein, also eigene Vorhaben oder Projekte entwickeln, finanzieren und umsetzen oder fördernd tätig sein, also Vorhaben von anderen finanziell unterstützen. Der Bundesverband Deutscher Stiftungen hat 2014 ausgewiesen, dass Kunst und Kultur unter den Stiftungszwecken den vierten Platz einnimmt. Der bedeutendste Zweck sind mit 28,8 % soziale Zwecke, darauf folgen mit 18,6 % andere gemeinnützige Zwecke, danach mit 15,4 % Bildung und Erziehung, dann mit 15,2 % Kunst und Kultur, gefolgt von Wissenschaft und Forschung 12,4 %, privatnützigen Zwecken 5,4 % und schließlich dem Umweltschutz mit 4,2 %.

Kulturstiftung der Länder
Die Kulturstiftung der Länder hat im April 1988 ihre Arbeit aufgenommen. Ihre zentrale Aufgabe ist der Erwerb von bedeutenden Kunstwerken und kulturellen Zeugnissen für deutsche Museen, Bibliotheken und Archive. Die Kulturstiftung der Länder setzt hierfür eigene Mittel ein. Sie wirbt zusätzliche Mittel von Stiftungen, Unternehmen und Privatpersonen ein, um Kunstwerke erwerben zu können. Weiter führt die Kulturstiftung der Länder das Projekt Kinder zum Olymp durch und leistet damit einen Beitrag, kulturelle Bildung sichtbar zu machen. Ferner ist die Kulturstiftung im deutsch-russischen Museumsdialog involviert. Von 1988 bis 2006 wirkte der Bund über ein Mitwirkungsabkommen mit und stellte Haushaltsmittel zum Ankauf von bundesweit bedeutsamen Kunstwerken zur Verfügung.
www.kulturstiftung.de

Kulturstiftung des Bundes
Die Kulturstiftung des Bundes wurde 2002 vom Beauftragten der Bundesregierung für Kultur und Medien als Stiftung bürgerlichen Rechts errichtet. Sie hat ihren Sitz in Halle/Saale. Sie fördert Kunst und Kultur im Rahmen der Zuständigkeit des Bundes, dazu gehören beispielsweise innovative Programme und Projekte im internationalen Kontext. Ein weiterer Schwerpunkt ist die Kultur in den neuen Ländern. Besonderes Anliegen der Kulturstiftung des Bundes ist nach eigenen Angaben »die Erschließung kultureller und künstlerische Wissenspotentiale für die Diskussion gesellschaftlicher Fragen«. Daneben fördert sie die selbstverwalteten Kulturförderfonds wie Fonds Darstellende Künste, Fonds Soziokultur, Deutscher Literaturfonds, Deutscher Übersetzerfonds und Stiftung Kunstfonds. Mit mehrjährigen Förderprogrammen wie Kulturagenten für kreative Schulen setzt die Kulturstiftung des Bundes Akzente und regt Entwicklungen an.
www.kulturstiftung-des-bundes.de

Kultusministerkonferenz
→ Ständige Konferenz der Kultusminister in der Bundesrepublik Deutschland

Kunst am Bau

Unter Kunst am Bau wird allgemein die Beteiligung bildender Künstler an öffentlichen Bauvorhaben des Bundes und der Länder verstanden. Die Grundsätze von Kunst am Bau bei Bundesbauten sind im Abschnitt K7 der Richtlinien für Bauvorhaben des Bundes (RBBau) geregelt. Für Bauvorhaben des Bundesministeriums der Verteidigung gelten die L1 und für das Bundesministerium des Innern L2 der genannten Richtlinie. Alle Möglichkeiten der bildenden Kunst sollen bei Bauvorhaben genutzt werden können. Sie sind sowohl für den Bau als solchen als auch das Grundstück möglich. Folgende Orientierungswerte zur Bestimmung der Mittel gibt es: bei Bauwerkskosten von über 100 Millionen Euro ein Anteil von 0,5 %, bei Bauwerkskosten von 20 bis 100 Millionen Euro ein Anteil von 1 % und bei Bauwerkskosten unter 20 Millionen Euro ein Anteil von 1,5 %. Bei Baumaßnahmen Dritter, bei denen der Bund einen erheblichen Teil der Kosten trägt, sind ebenfalls Mittel für Kunst am Bau vorzusehen. Die Beteiligung von bildenden Künstlern an öffentlichen Bauvorhaben geht auf eine Initiative des Reichswirtschaftsverbandes bildender Künstler nach dem Ersten Weltkrieg zurück. Aufgrund der schwierigen wirtschaftlichen Lage bildender Künstler schlug der Verband vor, dass bildende Künstler an Baumaßnahmen der Reichs- und Länderregierungen beteiligt werden. 1928 wurde für Preußen per Erlass geregelt, dass beschäftigungslosen und in Not geratene bildenden Künstlern Arbeits- und Verdienstmöglichkeiten bei der Errichtungen staatlicher und kommunaler Bauten eröffnet werden sollten. 1934 wurde in einem neuen Erlass festgelegt, dass ein angemessener Prozentsatz der Bausumme öffentlicher Gebäude für Arbeiten bildender Künstler und Handwerker aufgewandt werden soll. Nach dem Zweiten Weltkrieg wurde in der BRD auf Anregung des Deutschen Städtetags 1950 vom Bundestag festgelegt, dass bei Bundesbauten mindestens 1 % der Bausumme für Kunst am Bau aufgewandt werden soll. In der DDR wurde 1952 festgelegt, dass 1 bis 2 % der Planungskosten für Werke bildender und angewandter Künstler zur Verfügung stehen sollte. Ab 1959 galt eine Regelung für den Wohnungsbau. Dabei sollten die Kunstwerke eine entsprechende Stilistik aufweisen. Ab den 1960er-Jahren wurden Künstler in der DDR in Gestaltung von Gebäuden, Plätzen usw. einbezogen.

Kunst- und Ausstellungshalle der Bundesrepublik Deutschland

Die ersten Ideen zu einer Kunst- und Ausstellungshalle der Bundesrepublik Deutschland, kurz Bundeskunsthalle, entstanden bereits im Jahr 1949. Im Jahr 1977 reifte die Idee schließlich so weit, dass das Bundeskabinett in einer Erklärung festhielt, eine Kunsthalle als geistig-kulturelles Zentrum wäre ein wichtiger Beitrag zu einem überzeugenden Hauptstadtkonzept. Es sollte eine Bund-Länder-Einrichtung sein, die in der Bundeshauptstadt Bonn der gesamtstaatlichen Repräsentation dient. Anfang der 1980er-Jahren setzten sich verschiedene kulturpolitische Bündnisse in Bonn für eine Bundeskunsthalle ein. Im Jahr 1984 beschloss das Bundeskabinett als Standort für eine Bundeskunsthalle das Grundstück Friedrich-Ebert-Allee/Walter-Flex-Straße (gemeinsam mit dem städtischen Kunstmuseum Bonn). Die Grundsteinlegung erfolgte am 17. Oktober 1989. Am 19. Juli 1992 wurde die Bundeskunsthalle eröffnet. Die Bundeskunsthalle zeigt ausschließlich Wechselausstellungen und bietet in seinem Forum Platz für Veranstaltungen. Zusammen mit dem Museum König, dem Haus der Geschichte und dem Kunstmuseum Bonn ist es Teil der Museumsmeile Bonn.
www.bundeskunsthalle.de

Künstler-Enquete

Unter dem Begriff Künstler-Enquete werden die berufssoziologischen Arbeiten des Zentrums für Kulturforschung sowie die Arbeiten zur sozialen und wirtschaftlichen Lage der Künstler dieses Instituts zusammengefasst, die in den Jahren 1972 bis 1976 durchgeführt und veröffentlicht wurden. Ausgangspunkt war der »Autorenreport«, der vom »Spiegel-Institut für Projektstudien« von Karla Fohrbeck und Andreas Joh. Wiesand durchgeführt wurde. Der im Jahr 1971 veröffentlichte »Autorenreport« war die erste umfassende empirische Untersuchung zur wirtschaftlichen und sozialen Lage der Autoren. Im Auftrag des Bundesarbeitsministeriums erstellte das aus dem »Spiegel-Institut für Projektstudien« hervorgegangene »Zentrum für Kulturforschung« weitere Erhebungen zur sozialen Lage weiterer künstlerischer Berufsgruppen. Für diese Studien wurden 3.000 einstündige Interviews mit Künstlern geführt, ergänzt durch rechtssoziologische Untersuchungen. Veröffentlicht wurden die Ergebnisse in einer Bundestagsdrucksache sowie im Buch Künstler-Report. Die Arbeiten leisteten einen wesentlichen Beitrag zur Selbstorganisation von Künstlern in Berufsverbänden. Darüber hinaus gaben die Studienergebnisse den Ausschlag, ein Modell zur Einbeziehung freiberuflicher Künstler in die gesetzliche Sozialversicherung, die Künstlersozialversicherung, zu entwickeln.

Künstlerförderungsprogramme
Unter Künstlerförderungsprogrammen werden Maßnahmen der individuellen Künstlerförderung verstanden. Hierzu gehören Atelierförderungen, Stipendien, Druckkostenzuschüsse, Projektzuschüsse und anderes mehr.

Künstlerreport
→ Künstler-Enquete

Künstlersozialabgabe
Die Künstlersozialabgabe ist der Anteil den abgabepflichtige Unternehmen, die mit freiberuflichen Künstlern und Publizisten zusammenarbeiten, zur gesetzlichen Sozialversicherung für freiberufliche Künstler und Publizisten zahlen müssen. Künstlersozialabgabepflichtig sind laut Künstlersozialversicherungsgesetz folgende Unternehmen: Buch-, Presse- und sonstige Verlage, Presseagenturen einschließlich Bilderdienste; Theater, Orchester, Chöre und vergleichbare Unternehmen vorausgesetzt, dass ihr Zweck überwiegend darauf ausgerichtet ist, künstlerische oder publizistische Werke oder Leistungen öffentlich aufzuführen oder darzubieten; Theater-, Konzert- und Gastspieldirektionen; Rundfunk, Fernsehen; Hersteller von bespielten Bild- und Tonträgern; Galerien, Kunsthandel, Werbung oder Öffentlichkeitsarbeit für Dritte; Varieté- und Zirkusunternehmen, Museen, Aus- und Fortbildungseinrichtungen für künstlerische und publizistische Tätigkeiten. Ferner gehören zu den künstlersozialabgabepflichtigen Unternehmen die sogenannten Eigenwerber. Das sind Unternehmen, die für ihr eigenes Unternehmen Werbung betreiben und dabei nicht nur gelegentlich Aufträge an Künstler oder Publizisten vergeben. Unter die sogenannte Generalklausel fallen Unternehmen, die nicht nur gelegentlich Aufträge an Künstler oder Publizisten vergeben und mit deren Nutzung Einnahmen erzielen. Die Generalklausel greift erst ab drei Veranstaltungen im Jahr, in denen künstlerische oder publizistische Leistungen genutzt oder aufgeführt werden. Unternehmen der Generalklausel sind ebenfalls künstlersozialabgabepflichtig. Die Künstlersozialabgabe ist ein Vom-Hundert-Satz, der für freiberufliche Leistungen von Künstlern oder Publizisten gezahlten Honorare. Der Abgabesatz wird jährlich vom Bundesministerium für Arbeit und Soziales auf dem Verordnungsweg festgelegt. Berechnungsgrundlage ist der Bedarf für das kommende Jahr. Maßgabe für die Künstlersozialabgabe ist die freiberufliche Leistung und nicht der freiberufliche Status des Künstlers oder Publizisten. In den Jahren 2004 bis 2014 galten folgende Abgabesätze: 4,3 % (2004), 5,8 % (2005), 5,5 % (2006), 5,1 % (2007), 4,9 % (2008), 4,4 % (2009), 3,9 % (2010), 3,9 % (2011), 3,9 % (2012), 4,1 % (2013) und 5,2 % (2014).

Künstlersozialkasse
Die Künstlersozialkasse ist eine Abteilung der Unfallkasse des Bundes mit Sitz in Wilhelmshaven. Die Künstlersozialkasse setzt das Künstlersozialversicherungsgesetz um. Damit ist die Künstlersozialkasse der erste Ansprechpartner für freiberufliche Künstler und Publizisten, die versichert sind oder die Versicherung beantragen. Bei Antragstellern prüft die Künstlersozialversicherung, ob die Voraussetzungen für die Versicherung vorliegen. Weiter ist die Künstlersozialkasse Meldestelle für die abgabepflichtigen Unternehmen. Die Künstlersozialkasse zieht die Beiträge der Versicherten und der abgabepflichtigen Unternehmen ein und führt diese an die Sozialversicherungsträger ab (Künstlersozialabgabe).
www.kuenstlersozialkasse.de

Künstlersozialversicherung
Unter Künstlersozialversicherung wird die Einbeziehung freiberuflicher Künstler und Publizisten in die gesetzliche Sozialversicherung in den Zweigen Krankenversicherung, Pflegeversicherung und Rentenversicherung verstanden. Die Künstlersozialversicherung ist keine eigenständige Versicherung, vielmehr eröffnet sie freiberuflichen Künstlern und Publizisten den Weg in die gesetzliche Sozialversicherung. Ansprechpartner zur Durchführung der Künstlersozialversicherung ist die Künstlersozialkasse.

Künstlersozialversicherungsgesetz

Das Künstlersozialversicherungsgesetz (KSVG) regelt die gesetzliche Sozialversicherung freiberuflicher Künstler und Publizisten. Es trat im Jahr 1983 nach mehrfachen Anläufen, Gesetzesvorschlägen und intensiven Debatten im Deutschen Bundestag in Kraft. Im Künstlersozialversicherungsgesetz wird geregelt, welcher Personenkreis im Rahmen dieses Gesetzes versichert ist und welche Voraussetzungen die Versicherten erfüllen müssen. Ebenso finden sich hier die Bestimmungen zu den abgabepflichtigen Unternehmen (siehe Künstlersozialabgabe).

L

Leistungsschutzrecht für Presseverlage

Das Leistungsschutzrecht für Presseverlage trat 2013 in Kraft. Es ist ein eigenes Schutzrecht für Presseverleger und soll ihnen ermöglichen schneller gegen Rechtsverletzungen im Internet vorzugehen. Mit dem neuen Recht erhalten Presseverlage das ausschließliche Recht, Presseerzeugnisse zu gewerblichen Zwecken im Internet zu veröffentlichen. Gewerbliche Nutzer müssen für die Nutzung von den Presseverlagen Lizenzen erwerben. Ausgenommen sind reine Verlinkungen oder Zitate. Um das Leistungsschutzrecht für Presseverlage gab es eine heftige Debatte, bei der sich die Positionen unversöhnlich gegenüberstanden. Die Befürworter des Leistungsschutzrechts für Presseverlage, speziell der Bundesverband Deutscher Zeitungsverleger, wollten damit ihre redaktionelle Leistung gesichert sehen und ein Recht erhalten, diese redaktionelle Leistung ausschließlich alleine wirtschaftlich zu verwerten. Die Gegner des Leistungsschutzrechts für Presseverlage, die sich in der »Initiative gegen ein Leistungsschutzrecht« (IGEL) zusammengeschlossen hatten, argumentierten, dass das Leistungsschutzrecht für Presseverlage nicht notwendig sei und bedenkliche Auswirkungen auf das Gemeinwohl hätte.

Leitkultur

Der Begriff Leitkultur wurde Ende der 1990er-Jahre zuerst vom Politologen Bassam Tibi in die Diskussion eingeführt. Tibi meinte damit den Wertekonsens moderner europäischer Staaten wie Demokratie, Menschenrechte, Aufklärung, Laizismus und Zivilgesellschaft. In der nachfolgenden publizistischen und politischen Debatte wurde der Begriff vor allem im Kontext der Diskussion um Zuwanderung und die Integration hier lebender Zuwanderer verwendet. Dem Begriff Leitkultur wird vielfach der Begriff Verfassungspatriotismus gegenübergestellt.

Lutherdekade

Mit der Lutherdekade wird in den Jahren 2008 bis 2017 an den fünfhundertsten Jahrestag des Anschlags der 95 Thesen Martin Luthers an die Schlosskirche zu Wittenberg gedacht und die geschichtliche und aktuelle Wirkung des Thesenanschlags sowie der nachfolgenden Reformation auf die Gesellschaft reflektiert. Nach dem Eröffnungsjahr 2008 steht bis zum Jahr 2016 jedes Jahr unter einem bestimmten Motto. Es sind: 2009 Bekenntnis, 2010 Bildung, 2011 Freiheit, 2012 Musik, 2013 Toleranz, 2014 Politik, 2015 Bild und Bibel, 2016 Eine Welt. Mittels Veranstaltungen, Workshops, Ausstellungen und anderem mehr soll eine gesellschaftliche Diskussion zur Bedeutung der Reformation in Vergangenheit, Gegenwart und Zukunft stattfinden. Ansprechpartner sind eine staatliche und eine kirchliche Geschäftsstelle in Wittenberg.
www.luther2017.de

M

Mangas

Manga ist ursprünglich der japanische Begriff für Comic. Der Begriff wird meist für eine bestimmte, durch japanische Mangas geprägte Stilrichtung von Comics verwandt.

Mäzenatentum

Unter Mäzenatentum wird die finanzielle oder geldwerte Unterstützung von Institutionen oder Personen verstanden, für die keine direkte Gegenleistung erwartet wird. Der Begriff leitet sich vom Maecanas ab, der in augusteischer Zeit Dichter wie Horaz oder Vergil förderte. Das Mäzenatentum unterscheidet sich vom Sponsoring insofern, als dass kein geschäftlicher Zweck verfolgt wird. Mäzenaten leisten ihre Unterstützung rein freiwillig und können diese jederzeit zurückziehen. Manche Mäzenaten möchten ungenannt bleiben.

Mercator-Stiftung
→ Stiftung Mercator

Migrantenselbstorganisationen
Migrantenselbstorganisationen sind Zusammenschlüsse, in denen sich Migranten oder Menschen mit Zuwanderungsgeschichte zur Vertretung ihrer Interessen zusammengeschlossen haben. Die Mehrzahl der Migrantenselbstorganisationen ist landsmannschaftlich orientiert. Wichtige Themen ihrer Arbeit sind: Migration, Integration, bürgerschaftliches Engagement, Bildung, Sport und Religion. Die größten Migrantenselbstorganisationen sind die »Türkische Gemeinde in Deutschland« und die »Landsmannschaft der Deutschen aus Russland«. Die Türkeistämmigen und die Russlanddeutschen sind die größten Zuwanderergruppen in Deutschland. Migrantenverbände aus unterschiedlichen Herkunftsländern haben sich in der Bundesarbeitsgemeinschaft der Immigrantenverbände in Deutschland (BAGIV) zusammengeschlossen.

Migrantenverbände
→ Migrantenselbstorganisationen

Migration
Unter Migration wird die Aus- bzw. Einwanderung von Menschen verstanden. Deutschland war über viele Jahrhunderte ein Auswanderungsland. Der Auswanderung Deutscher wird beispielsweise im Deutschen Auswandererhaus Bremerhaven gedacht. Seit den 1950er-Jahren und der gezielten Anwerbung von Arbeitskräften aus Italien (Anwerbeabkommen 1955), Spanien (Anwerbeabkommen 1960), Griechenland (Anwerbeabkommen 1960), Türkei (Anwerbeabkommen 1961), Marokko (Anwerbeabkommen 1961), Südkorea (Anwerbeabkommen 1963), Portugal (Anwerbeabkommen 1964), Tunesien (Anwerbeabkommen 1965) und Jugoslawien (Anwerbeabkommen 1968) ist Deutschland ein Einwanderungsland. Das Bewusstsein dafür, dass Deutschland ein Einwanderungsland ist und die in Deutschland lebenden Migranten in der Mehrzahl auf Dauer bleiben, entstand erst Ende der 1990er-Jahre. Wegweisend für die politische und gesellschaftliche Beschäftigung mit den Themen Migration und Zuwanderung war die von Bundeskanzler Schröder eingesetzte und von der ehemaligen Bundestagspräsidentin Süssmuth geleitete Zuwanderungskommission, die konkrete Vorschläge zur Integration von Migranten entwickelte.

Mittlerorganisationen
Unter Mittlerorganisationen werden Kulturmittler verstanden, die zwar vom Auswärtigen Amt finanziell unterstützt werden, aber eigenständig im Bereich der Auswärtigen Kultur- und Bildungspolitik tätig sind. Dazu zählen: Alexander von Humboldt-Stiftung, Deutscher Akademischer Austauschdienst, Deutsches Archäologisches Institut, Goethe-Institut, Institut für Auslandsbeziehungen und Zentralstelle für das Auslandsschulwesen des Bundesverwaltungsamtes.

N

Nationale Engagementstrategie
Die erste Nationale Engagementstrategie der Bundesregierung wurde vom Bundeskabinett im Jahr 2010 verabschiedet. Mit ihr verfolgte die Bundesregierung folgende strategische Ziele: bessere Abstimmung engagementpolitischer Vorhaben von Bundesregierung, Ländern und Kommunen, Einbindung von Stiftungen und bürgerschaftlichem Engagement von Unternehmen, größere Anerkennung und Wertschätzung der Leistungen bürgerschaftlich Engagierter, bessere Rahmenbedingungen für freiwilliges Engagement. Im Rahmen der Nationalen Engagementstrategie wurde der »Aktionsplan CSR« (Corporate Social Responsibility) auf den Weg gebracht. Vorausgegangen waren der Erarbeitung der Nationalen Engagementstrategie Foren, in denen Vertreter zivilgesellschaftlicher Organisationen unter anderem über die Bedarfe zur Verbesserung der Rahmenbedingungen diskutierten.

Netzpolitiker
Als Netzpolitiker bezeichnen sich Gruppen von Politikern, die sich vor allem mit den Internet und den Rahmenbedingungen für die digitale Gesellschaft befassen. Netzpolitiker gibt es in den verschiedenen im Deutschen Bundestag vertretenen Parteien. Aufmerksamkeit erhielten die Netzpolitiker in der Arbeit der Enquete-Kommission

des Deutschen Bundestags »Internet und digitale Gesellschaft«. Bündnis 90/Die Grünen unterhalten einen eigenen Blog »Grün digital«. In der CDU wurde im Jahr 2010 der »Arbeitskreis Netzpolitik« gegründet. In der SPD haben die Netzpolitiker eine eigene Arbeitsgemeinschaft »Netzpolitik & digitale Gesellschaft«.

Neugliederung der Länder
Seit Gründung der Bundesrepublik Deutschland ist die Gliederung der Länder immer wieder Gegenstand von Diskussionen. In Artikel 29 des Grundgesetzes ist die Gliederung der Länder festgelegt. Bislang wurde in der Geschichte der Bundesrepublik erst eine Länderneugliederung durchgeführt und zwar im Jahr 1952 die Fusion der Länder Baden, Baden-Württemberg und Württemberg-Hohenzollern. Die geplante Fusion der Länder Brandenburg und Berlin scheiterte im Jahr 1996 bei einer Volksabstimmung an der Ablehnung durch die brandenburgische Bevölkerung. In verschiedenen Kommissionen wurden sieben, acht und neun Länder-Modelle entwickelt, die bislang aber noch keine gesellschaftliche oder politische Wirkung entfalten konnten. Im Mittelpunkt der verschiedenen Modelle zur Neugliederung der Länder stehen die Länder Saarland und Rheinland-Pfalz, Niedersachsen und Bremen sowie Hamburg, Schleswig-Holstein und Mecklenburg-Vorpommern.

Offene Methode der Koordinierung
Die Offene Methode der Koordinierung (OMK) ist ein formelles Instrument der Europäischen Union. Kern der OMK sind unverbindliche Empfehlungen und Leitlinien der Kommission an die Mitgliedstaaten. Die OMK wird daher dem »Soft Law« zugerechnet. Rechtsgrundlage sind die Art. 5, Art. 6 und Art. 153 des Vertrags über die Arbeitsweise der Europäischen Union. Die OMK soll dazu dem regelmäßigen Austausch und Vergleich der Mitgliedstaaten dienen. Instrumente der OMK sind: Benchmarks, das heißt die Kommission überprüft die Erreichung der festgelegten Ziele durch die Mitgliedstaaten, erreicht ein Mitgliedstaat die Ziele nicht, wird dieses veröffentlicht; Empfehlungen, das heißt der Rat gibt den Mitgliedstaaten Empfehlungen zur Umsetzung festgelegter Ziele, die Mitgliedstaaten müssen diese Empfehlungen nicht umsetzen; Gegenseitiges Lernen, d.h. die Kommission stellt auf der Grundlage von Berichten der Mitgliedstaaten fest, wie die politische Praxis in den Mitgliedstaaten aussieht; Leitlinien, das sind auf Vorschlag der Kommission vom Rat festgelegte Leitlinien, die von den Mitgliedstaaten in ihrer Politik berücksichtigt werden sollen; statistische Vergleiche, das sind Vergleiche, die von der Kommission über Eurostat erhoben werden, Grundlage hierfür sind genaue Vorgaben der Kommission zur Datenerhebung, um die Vergleichbarkeit zu gewährleisten. Mit der EU-Kulturagenda hat die OMK erstmals im Kulturbereich Einzug gehalten. Bereits eingeführt ist die OMK in der Europäischen Sozialpolitik sowie der Europäischen Jugendpolitik.

Öffentliche Förderung
Unter öffentlicher Förderung wird die finanzielle Unterstützung von Projekten (siehe hierzu Projektförderung) oder Institutionen (siehe hierzu Institutionelle Förderung) verstanden. Öffentliche Förderung wird von Kommunen, Ländern, dem Bund und der Europäischen Union ausgereicht. Die maßgebliche Grundlage der öffentlichen Förderung ist das Haushaltsrecht sowie die Fördergrundsätze und gegebenenfalls Nebenbestimmungen.

Öffentlich-rechtlicher Rundfunk
Der öffentlich-rechtliche Rundfunk ist der durch Gebühren oder Steuern finanzierte Rundfunk in Europa. Gemeinsam ist den verschiedenen öffentlich-rechtlichen Rundfunkanstalten ihr Grundversorgungsauftrag sowie ein gesetzlich definierter Programmauftrag. In Deutschland gibt es derzeit neun in der »Arbeitsgemeinschaft der öffentlich-rechtlichen Rundfunkanstalten der Bundesrepublik Deutschland« (ARD) zusammengeschlossen Landesrundfunkanstalten und zwar: Bayerischer Rundfunk (BR) mit dem Sendegebiet Bayern, Hessischer Rundfunk (hr) mit dem Sendegebiet Hessen, Mitteldeutscher Rundfunk (mdr) mit dem Sendegebiet Sachsen, Sachsen-Anhalt und Thüringen, Norddeutscher Rundfunk (NDR) mit dem Sendegebiet Hamburg, Mecklenburg-Vorpommern, Niedersachsen und Schleswig-Holstein, Radio Bremen (RB) mit dem Sendegebiet Bremen, Rund-

funk Berlin-Brandenburg (rbb) mit dem Sendegebiet Berlin und Brandenburg, Saarländischer Rundfunk (SR) mit dem Sendegebiet Saarland, Südwestrundfunk (SWR) mit dem Sendegebiet Baden-Württemberg und Rheinland-Pfalz, Westdeutscher Rundfunk (WDR) mit dem Sendegebiet Nordrhein-Westfalen. Gemeinsam verantworten die ARD-Rundfunkanstalten das Programm »Das Erste«. Bundesweite Programme sind das ZDF als reiner Fernsehsender und das Deutschlandradio als Hörfunksender. Die Gemeinschaftsprogramme der öffentlich-rechtlichen Rundfunkanstalten sind Arte, Phoenix, 3sat und KiKa. Grundlage für die Arbeit der öffentlich-rechtlichen Rundfunkanstalten sind die Rundfunkgesetze der Länder, die bei Mehrländeranstalten von den Landtagen der Sendeländer verabschiedet werden müssen. In den Rundfunkgesetzen der Länder wird der Auftrag der jeweiligen Rundfunkanstalt bestimmt. Mit der Einführung des privaten Rundfunks war es erforderlich, in Rundfunkstaatsverträgen den Auftrag des privaten Rundfunks in Abgrenzung zum öffentlich-rechtlichen Rundfunk zu bestimmen. Der private Rundfunk hat eine Komplementärfunktion zum öffentlich-rechtlichen Rundfunk, dessen Grundversorgungsauftrag sich auf die Felder Information, Bildung, Unterhaltung und Kultur bezieht. Seit 2012 wird der öffentlich-rechtliche Rundfunk durch eine Haushaltsabgabe, die jeder Haushalt unabhängig davon, ob ein Radio- oder Fernsehgerät vorgehalten wird, zahlen muss. Die Deutsche Welle nimmt unter den öffentlich-rechtlichen Sendern eine Sonderstellung ein, da sie durch Steuermittel finanziert wird und ihr Sendegebiet das Ausland ist. Kontrolliert werden die öffentlich-rechtlichen Rundfunkanstalten – auch die Deutsche Welle – durch Rundfunkräte, in denen verschiedene gesellschaftliche Gruppen vertreten sind.

P

Pädagogischer Austauschdienst
Bereits im Jahr 1952 richtete die Kultusministerkonferenz (Ständige Konferenz der Kultusminister in der Bundesrepublik Deutschland) den Pädagogischen Austauschdienst (PAD) als zentrale Anlaufstelle für den internationalen Lehrer- und Schüleraustausch ein. Erste Programme waren Austauschprogramme von Fremdsprachenassistenten und Deutschlernenden, die Wettbewerbe gewonnen haben. Beide Programme werden nach wie vor durchgeführt. Anfang der 1990er-Jahre begann die Zusammenarbeit mit Israel, und Partnerprogramme mit ost- und südosteuropäischen Staaten wurden eingeführt. Heute ist der PAD ein wichtiger Partner für europäische Bildungsprogramme und in der Auswärtigen Kultur- und Bildungspolitik mit Blick auf Partnerschulenprogramme aktiv.
www.kmk-pad.org

PISA
Das »Programme of International Student Assesment« (PISA), auf deutsch »Programm zur internationalen Schülerbewertung«, ist eine Schulleistungsuntersuchung der OECD (Organisation für wirtschaftliche Zusammenarbeit und Entwicklung). PISA misst in regelmäßigen Abständen die Kenntnisse und Fähigkeiten von 15-Jährigen in den Bereichen: Lesekompetenz, mathematische Kompetenz und naturwissenschaftliche Grundbildung. Die PISA-Studien werden im Auftrag der Regierungen durchgeführt. In Deutschland ist die Kultusministerkonferenz (Ständige Konferenz der Kultusminister in der Bundesrepublik Deutschland) verantwortlich. Die Ergebnisse werden in einer Ranking-Liste der an der Studie beteiligten Staaten veröffentlicht. Anspruch der OECD ist es, mit den PISA-Studien Veränderungen im Bildungswesen der beteiligten Staaten auszulösen. In Deutschland löste die erste PISA-Studie mit der Vertiefung Lesekompetenz den sogenannten PISA-Schock und danach eine Reihe von Bildungsreformen aus. Neben dem vergleichsweise schlechten Abschneiden deutscher 15-Jähriger war ein maßgebliches Ergebnis der ersten PISA-Studie, dass die soziale Ungleichheit und Bildungsbenachteiligung von Kindern aus bildungsfernen Schichten in Deutschland besonders auffallend ist.

Preisbindung (Buch)
→ Buchpreisbindung

Preußisches Stadtschloss in Berlin
→ Stiftung Berliner Schloss – Humboldtforum

Private Rundfunkanstalten
Private Rundfunkanstalten finanzieren sich anders als öffentlich-rechtliche Rundfunkanstalten nicht aus Gebühren, sondern aus dem Verkauf von Werbezeiten, Abonnementmodelle, Verkaufsfernsehen oder Call-In. Der Betrieb einer privaten Rundfunkanstalt muss durch eine Landesmedienanstalt genehmigt werden.

Projektförderung
Im Unterschied zur Institutionellen Förderung wird bei der Projektförderung ein bestimmtes zeitlich und inhaltlich abgegrenztes Projekt durch eine öffentliche Förderung finanziell unterstützt. Projektförderungen können im Rahmen von Programmen oder auch einzeln gewährt werden.

R

Rat für Baukultur
Der Rat für Baukultur ist eine Sektion des Deutschen Kulturrates, des Spitzenverbandes der Bundeskulturverbände. Der Rat für Baukultur macht sich für die Interessen der Baukultur im Deutschen Kulturrat und gegenüber Politik und Öffentlichkeit stark. Mitglieder des Rates für Baukultur sind Bundesverbände aus den Bereichen Architektur, Innenarchitektur, Landschaftsarchitektur, Stadtplanung, Ingenieurbaukunst und Denkmalschutz.
www.baukulturrat.de

Rat für darstellende Kunst und Tanz
Im Rat für darstellende Kunst und Tanz sind Verbände und Gewerkschaften aus den Bereichen Theater und Tanz versammelt. Sie treten für die darstellenden Künste im Deutschen Kulturrat und gegenüber Presse und Öffentlichkeit en. Innerhalb des Deutschen Kulturrates vertreten sie die Sparte darstellende Kunst und Tanz.

Rat für Soziokultur und kulturelle Bildung
Im Rat für Soziokultur und kulturelle Bildung haben sich Verbände, Organisationen und Bundesakademien aus den Bereichen Soziokultur und kulturelle Bildung zusammengeschlossen. Der Rat für Soziokultur und kulturelle Bildung ist eine Sektion des Deutschen Kulturrates.

Rechtliche Rahmenbedingungen
Unter rechtlichen Rahmenbedingungen werden die gesetzlichen Bestimmungen etwa durch das Grundgesetz, das Arbeits- und Sozialrecht, das Urheberrecht, das Steuerrecht und anderes mehr verstanden. Sie bieten den Rahmen für Aktivitäten von Privatpersonen, Unternehmen oder auch Vereinigungen.

Reformationsjubiläum
→ Lutherdekade

Reichskulturkammer
Die Reichskulturkammer wurde am 22. September 1933 durch ein Gesetz als öffentliche Körperschaft gegründet. Sie unterstand unmittelbar dem Reichsministerium für Volksaufklärung und Propaganda. Die Mitglieder der berufsständischen künstlerischen Dachorganisationen mussten Mitglied in der Reichskulturkammer werden. Am 12. Februar 1934 wurde die Reichskulturkammer kooperatives Mitglied der Deutschen Arbeitsfront. Die Reichskulturkammer war gegliedert in: Reichsfilm-, Reichsmusik-, Reichstheater-, Reichspresse-, Reichsschrifttumskammer, Reichskammer der bildenden Künste und Reichsrundfunkkammer. Die Reichskulturkammer diente der Gleichschaltung der Kultur während des Nationalsozialismus. Um weiterhin arbeiten zu können, mussten Kulturschaffende, Kunsthandwerker aber auch Kunsthändler und Restauratoren Mitglied der Reichskulturkammer sein. Von vorneherein ausgeschlossen und damit letztlich mit Berufsverbot belegt waren jüdische Künstler, Künstler, die sogenannte entartete Kunst schufen oder sogenannte Kulturbolschewisten. Das Aufgabengebiet der Reichskulturkammer erstreckte sich aber nicht nur auf die Erteilung von Arbeitserlaubnissen für Künstler, sie erließ ebenso inhaltliche Vorgaben für künstlerische Werke. Präsident der Reichskulturkammer war Joseph Goebbels.

Reichsministerium für Volksaufklärung und Propaganda
Das Reichsministerium für Volksaufklärung und Propaganda, kurz Reichspropagandaministerium wurde am 19. März 1933 etabliert. Minister war Joseph Goebbels. Aufgabe des Reichspropagandaministeriums war die inhaltliche Lenkung von Kultur, Presse und Rundfunk. Zur

Kontrolle von Kunst, Kultur und Medien bediente sich das Reichspropagandaministerium unter anderem der Reichskulturkammer.

Reichsschrifttumskammer

Die Reichsschrifttumskammer war eine der Kammern der Reichskulturkammer. Schriftsteller, die während des Nationalsozialismus veröffentlichen wollten, mussten ab 1934 Mitglied der Reichsschrifttumskammer sein. Von vorneherein ausgeschlossen waren jüdische Autoren sowie Schriftsteller, deren Werke als »volksschädlich« bezeichnet wurden. Auszubildende im Buchhandel mussten ab 1935 vier Wochen lang die »Reichsschule des deutschen Buchhandels« besuchen. Ab März 1939 mit Inkrafttreten der »Anordnung zum Schutze der verantwortlichen Persönlichkeit im Buchhandel« hafteten Verleger und Buchhändler für die von ihnen verlegten oder vertriebenen Werke.

Rundfunkanstalten

Die Rundfunkanstalten werden in öffentlich-rechtliche Rundfunkanstalten und private Rundfunkanstalten unterschieden. Gemeinsam ist ihnen, dass sie der Massenkommunikation zuzuordnen sind, also ein redaktionell gestalteter Beitrag einer Rundfunkanstalt sich an viele, die Masse, richtet. Rechtlich geregelt werden Auftrag, Abgrenzung und Präsenz im Internet durch Rundfunkstaatsverträge, die von den Bundesländern geschlossen werden.

S

Scheinprivatisierung

Von Scheinprivatisierung wird gesprochen, wenn eine Einrichtung zwar in eine privatrechtliche Rechtsform, etwa eine GmbH oder Stiftung des bürgerlichen Rechts, überführt wird, aber nach wie vor vornehmlich durch öffentliche Förderung finanziert wird und damit den Vorgaben des Haushaltsrechts genügen muss.

Schuldenbremse

Mit der Föderalismusreform II (siehe Kommission von Bundestag und Bundesrat zur Modernisierung der Bund-Länder-Finanzbeziehungen) wurde 2009 im Grundgesetz eine Begrenzung der Schuldenaufnahme von Bund und Ländern verankert. Ziel ist es, dass Bund und Länder ihre Haushalte ohne Kreditaufnahme ausgleichen. Für den Bund greift die Schuldenbremse ab 2016. Das heißt ab 2016 muss der Bund einen ausgeglichenen Haushalt vorlegen. Für die Länder gilt die Regel ab dem Jahr 2020. Ab diesen Zeitpunkten dürfen Bund bzw. Länder nur noch in einem eng umgrenzten Rahmen z. B. bei Naturkatastrophen oder außergewöhnlichen Notsituationen von den Vorgaben der Schuldenbremse abweichen. Einige Länder wie Berlin, Freie Hansestadt Bremen, Saarland, Sachsen-Anhalt und Schleswig-Holstein erhalten zum Erreichen der Vorgaben Konsolidierungshilfen.

Sektionen des Deutschen Kulturrates

Die Sektionen des Deutschen Kulturrates sind seine Mitglieder. Die Sektionen spiegeln die verschiedenen künstlerischen Disziplinen. Mitglieder der Sektionen wiederum sind die Bundesverbände der Künstler, der Kultureinrichtungen, der Kulturvereine und der Kulturwirtschaft. Aktuell hat der Deutsche Kulturrat acht Sektionen (Mitglieder) und zwar: Deutscher Musikrat, Rat für darstellende Kunst und Tanz, Deutsche Literaturkonferenz, Deutscher Kunstrat, Rat für Baukultur, Sektion Design, Sektion Film und audiovisuelle Medien sowie Rat für Soziokultur und kulturelle Bildung. Die Sektionen sind unterschiedlich verfasst. Einige sind eingetragene Vereine, andere lose Arbeitsgemeinschaften.

Sektion Design

In der Sektion Design sind Verbände der verschiedenen Disziplinen des Designbereiches zusammengeschlossen. Sie vertreten den Bereich Design im Deutschen Kulturrat.

Sektion Film und audiovisuelle Medien

In der Sektion Film und audiovisuelle Medien haben sich Verbände und Organisationen des Filmsektors, der Medien- und der Computerspielewirtschaft zusammengefunden. Sie vertreten die Interessen dieser Sektoren im Deutschen Kulturrat.

Sicherungskopie
Eine Sicherungskopie ist das Abspeichern von Daten, um für den Fall des Verlusts der Originaldaten mittels einer Kopie das Original wieder herstellen zu können.

Soft Law
Unter Soft Law werden Übereinkünfte, Absichtserklärungen oder Leitlinien verstanden, die nicht verbindlich sind. Gleichwohl wird die Einhaltung des Soft Law beispielsweise in der Europäischen Union kontrolliert (siehe Offene Methode der Koordinierung).

Soziokulturelle Zentren
Vielfalt ist das Merkmal der soziokulturellen Zentren, so wird immer wieder betont, kein soziokulturelles Zentrum gleiche einem anderen. In Westdeutschland sind viele seit den 1970er-Jahren gegründete soziokulturelle Zentren aus Bürgerbewegungen in besetzten Häusern oder ehemaligen Industriegebäuden entstanden. Soziokulturelle Zentren warten zumeist mit einem Veranstaltungsbereich auf, in dem Veranstaltungen der verschiedenen künstlerischen Sparten stattfinden. Weiter haben viele soziokulturelle Zentren einen kulturellen Bildungsbereich, in dem Kurse, Workshops oder auch Ferienfreizeiten stattfinden. Soziokulturelle Zentren sind gemeinwesenorientiert, das heißt ihre Arbeit richtet sich an die Bevölkerung im Nahraum. Ein Merkmal soziokultureller Zentren ist der hohe Anteil ehrenamtlicher Arbeit.

Spenden
Bei Spenden kann grundlegend zwischen der Zeitspende, also dem Verzicht auf Entlohnung geleisteter Arbeit, der Sachspende, also Gegenständen und der Geldspende, unterschieden werden. Bei Spenden handelt es sich um freiwillige Leistungen an einen gemeinnützigen Verein, eine Stiftung oder eine politische Partei.

Spendenabzug
Spenden und Mitgliedsbeiträge zur Förderung steuerbegünstigter Zwecke können unter bestimmten Voraussetzungen von Privatpersonen bei der Einkommenssteuererklärung und von Unternehmen bei der Ermittlung des Gewinns geltend gemacht werden. Dabei gilt für Privatpersonen als Höchstsatz 20 Prozent des Gesamtbetrags der Einkünfte und bei Unternehmen 4 Promille der Summe der gesamten Umsätze und der im Kalenderjahr aufgewendeten Löhne und Gehälter. Die Geltendmachung des Steuerabzugs ist an im Einkommenssteuergesetz festgelegte Voraussetzungen geknüpft.

Sponsoring
Sponsoring wird von Unternehmen als Unternehmenskommunikation bzw. Marketing gemacht. Ziel des Sponsorings ist es, das eigene Unternehmen bekannt bzw. hierauf aufmerksam zu machen. Es unterscheidet sich aufgrund der Eigennützigkeit für das Unternehmen grundlegend vom Mäzenatentum und Spenden.

Staatsziel Kultur im Grundgesetz
Das Grundgesetz sieht als Staatsziele den Gleichheitsgrundsatz von Mann und Frau, das Sozialstaatsprinzip, das Rechtstaatsprinzip, den Schutz der Umwelt und zuletzt den Tierschutz vor. Die Enquete-Kommission des Deutschen Bundestags »Kultur in Deutschland« griff eine bereits in Vorjahren geführte Debatte zur Verankerung des Staatsziels Kultur im Grundgesetz auf. Umfassend mit dem Für und Wider eines Staatsziels Kultur hatte sich die Sachverständigenkommission »Staatszielbestimmungen, Gesetzgebungsaufträge« von 1981 bis 1983 in der Bundesrepublik befasst. Hier wurden Vorschläge für eine Staatszielbestimmung, die sowohl die natürlichen als auch die kulturellen Lebensgrundlagen in den Blick nimmt, diskutiert. Letztlich wurden die Vorschläge nicht aufgenommen. Eine weitere Debatte fand mit Blick auf den Einigungsvertrag statt. Hier wurde sich auf eine Formulierung verständigt, dass die Kultur in den neuen Ländern keinen Schaden nehmen dürfe (Übergangsfinanzierung). In der gemeinsamen Verfassungskommission wurde 1992 die Aufnahme eines Staatsziels Kultur im Grundgesetz erörtert. Nach eingehender Befassung mit dem Thema unter Einbeziehung von Gutachten und Anhörungen von Sachverständigen schlug die Enquete-Kommission des Deutschen Bundestags »Kultur in Deutschland« die Aufnahme eines Art. 20 b mit dem Wortlaut »Der Staat schützt und fördert die Kultur« auf. Dieser Beschluss wurde einstimmig gefasst. Obwohl Politiker der verschiedenen Parteien sich für das Staatsziel Kultur stark gemacht haben, wurde es bislang noch nicht im Grundgesetz verankert.

Ständige Konferenz der Kultusminister in der Bundesrepublik Deutschland
Die Ständige Konferenz der Kultusminister in der Bundesrepublik Deutschland, kurz Kultusministerkonferenz oder KMK, wurde im Jahr 1948, also noch vor der Konstituierung der Bundesrepublik, gegründet. Die KMK befasst sich nach ihrer Geschäftsordnung mit »Angelegenheiten der Bildungspolitik, der Hochschul- und Forschungspolitik sowie der Kulturpolitik von überregionaler Bedeutung mit dem Ziel einer gemeinsamen Meinungs- und Willensbildung und der Vertretung gemeinsamer Anliegen«. Grundanliegen der KMK ist, die Eigenstaatlichkeit der Länder in Fragen von Bildung, Wissenschaft und Kultur zu unterstreichen, darzustellen und zu achten. Belange von länderübergreifender Bedeutung wie z. B. die Übereinstimmung und Vergleichbarkeit von Zeugnissen und Abschlüssen werden mit Blick auf das notwendige Maß an Gemeinsamkeit innerhalb der KMK behandelt. Weiter fördert die KMK die Kooperation von Einrichtungen der Bildung, Wissenschaft und Kultur. Die KMK vertritt die gemeinsamen Interessen der Länder gegenüber dem Bund, der EU, der OECD oder der UNESCO.
www.kmk.org

Stiftung
Eine Stiftung ist ein mit einem Zweck versehener Kapitalstock, der in der Regel auf die Ewigkeit hin angelegt ist. Stiftungen können die Rechtsform einer »Stiftung des bürgerlichen Rechts« oder einer »Stiftung des öffentlichen Rechts« haben. In der Stiftungssatzung werden der Zweck und die Art der Umsetzung dieses Zweckes beschrieben. Die Errichtung einer Stiftung muss durch die Stiftungsaufsicht genehmigt werden. Die Stiftungsaufsicht beaufsichtigt die Arbeit von Stiftungen. Der Bundesverband Deutscher Stiftungen benennt für das Jahr 2013 die Existenz von 20.150 rechtsfähigen Stiftungen des bürgerlichen Rechts, darunter sind 638 Stiftungsgründungen aus dem Jahr 2013.

Stiftung Berliner Schloss – Humboldtforum
Die gemeinnützige Stiftung Berliner Schloss – Humboldtforum ist Bauherrin und künftige Eigentümerin des Berliner Schloss – Humboldtforum. Das Berliner Schloss soll nach seiner Fertigstellung die Sammlungen der Stiftung Preußischer Kulturbesitz, der Humboldt-Universität zu Berlin und der Zentral- und Landesbibliothek Berlin beherbergen. Ziel ist es unter anderem, die derzeit in Berlin-Dahlem beheimateten ethnologischen Sammlungen am neuen Ort in Berlin zu präsentieren und so einen Dialog mit den auf der Museumsinsel Berlin ausgestellten Werken zu ermöglichen. Die kosmopolitische Ausrichtung der Brüder Alexander und Wilhelm Humboldt soll im Berliner Schloss – Humboldtforum seinen Ausdruck finden.
www.sbs-humboldtforum.de

Stiftung Haus der Geschichte der Bundesrepublik Deutschland
Bereits 1982 begannen die Überlegungen zu einer Sammlung zur Deutschen Geschichte. Im Jahr 1990 verabschiedete der Deutsche Bundestag das »Gesetz zur Errichtung einer selbstständigen Stiftung Haus der Geschichte der Bundesrepublik Deutschland«. Der Verabschiedung gingen intensive Beratungen voraus. Die Stiftung Haus der Geschichte der Bundesrepublik Deutschland (Haus der Geschichte) konzentriert sich in ihrer Arbeit auf die Geschichte der Bundesrepublik Deutschland, der Deutschen Demokratischen Republik sowie der Entstehungsgeschichte der Bundesrepublik Deutschland. Neben dem Haus der Geschichte in Bonn gehört zur Stiftung das Zeitgeschichtliche Forum in Leipzig sowie die Dauerausstellung »GrenzErfahrungen« im Tränenpalast am Bahnhof Friedrichstraße in Berlin und die Dauerausstellung »Alltag in der DDR« im Museum in der Kulturbrauerei Berlin.
www.hdg.de

Stiftung Mercator
Die Stiftung Mercator wurde im Jahr 1996 von der Unternehmerfamilie Schmidt gegründet. Die Stiftung hat ihren Sitz in Essen. Das Stiftungsvermögen betrug zum 31. Dezember 2012 113 Mio. Euro. Die Stiftung hat drei Themencluster: Integration, Klimawandel und Kulturelle Bildung. Sie versteht sich als gesellschaftspolitischer Themenanwalt. Ihre Arbeit bezeichnet die Stiftung Mercator selbst als unternehmerisch, professionell und von einer internationalen Haltung bestimmt. Zusammen mit der Kulturstiftung des Bundes unterstützt die Stiftung Mercator das Programm Kulturagenten für kreative Schulen.
www.stiftung-mercator.de

Stiftung Preußischer Kulturbesitz

Die Stiftung Preußischer Kulturbesitz wurde 1957 gegründet. Ihr Bestand waren zunächst die öffentlichen Sammlungen des im Jahr 1947 aufgelösten Staates Preußen, die sich im Gebiet der Bundesrepublik und West-Berlin befanden. Diese Sammlungen gingen mit der Errichtung der Stiftung in ihr Eigentum über. Mit dem Einigungsvertrag gingen auch jene Bestände in das Eigentum der Stiftung über, die aus preußischem Besitz stammen und in DDR-Einrichtungen bewahrt worden waren. Die Stiftung Preußischer Kulturbesitz war in ihren Anfangsjahren ein Beispiel für die Auseinandersetzungen von Bund und Ländern in Föderalismusfragen die Kultur betreffend. Bundesrat und einige Länder hatten gegen die Errichtung der Stiftung Preußischer Kulturbesitz vor dem Bundesverfassungsgericht geklagt. Das Bundesverfassungsgericht bestätigte 1959 die Verfassungsmäßigkeit des Errichtungsgesetzes. Im September 1961 nahm die Stiftung Preußischer Kulturbesitz ihre Arbeit auf. Im Jahr 1974 wurde zwischen der Bundesregierung und den Ländern ein Abkommen zur gemeinsamen Finanzierung der Stiftung Preußischer Kulturbesitz unterzeichnet. Nach Abschluss des deutschen Einigungsvertrags bekam die Stiftung Preußischer Kulturbesitz den Auftrag, die Bestände der ehemals preußischen Sammlungen zusammenzuführen. Zur Stiftung Preußischer Kulturbesitz gehören folgende Einrichtungen: Staatliche Museen zu Berlin, Geheimes Staatsarchiv Preußischer Kulturbesitz, Ibero-Amerikanisches Institut, Staatliches Institut für Musikforschung. Seit 2011 gehört die Stiftung Preußischer Kulturbesitz der Deutschen Forschungsgemeinschaft an.
www.preussischer-kulturbesitz.de

Subsidiaritätsgedanke

Grundprinzip des Subsidiaritätsgedanken ist, dass zunächst die kleineren Einheiten, also Familie, Nachbarschaft, Gemeinwesen Aufgaben übernehmen sollen, bevor diese von nächsthöheren Einheiten, also dem Staat, und hier zunächst den Kommunen, dann den Ländern und danach erst dem Bund, übernommen werden. Konkret bedeutet dies, dass zunächst kleine gesellschaftliche Einheiten wie z. B. Initiativen, Vereine oder Verbände Aufgaben übernehmen sollen. Wenn diese der konkreten Aufgabe nicht nachkommen können, hat der Staat nach dem Subsidiaritätsprinzip die Verpflichtung der kleineren Einheit zu helfen. Aus diesem Gedanken leitet sich die staatliche Unterstützung von Vereinen und Verbänden ab.

T

Tarifpartei

Tarifparteien sind auf der einen Seite Zusammenschlüsse von Arbeitgebern, Arbeitgeberverbände, und auf der anderen Seite Zusammenschlüsse von Arbeitnehmern, Gewerkschaften. Das Grundgesetz sichert in Artikel 9 Arbeitnehmern und Unternehmen das Recht zu, Vereinigungen zur Wahrung und Förderung der Arbeits- und Wirtschaftsbedingungen zu bilden. Die Tarifparteien schließen Verträge über die Bedingungen der Arbeit, wie z. B. Arbeitslohn oder -zeit, ab. Die Tarifautonomie sichert die Unabhängigkeit vom Staat.

Transatlantic Trade and Investment Partnership

Das Transatlantic Trade und Investment Partnership (TTIP) ist ein Freihandelsabkommen, das zwischen der EU und den USA geschlossen werden soll. Verhandlungsführer für die Mitgliedstaaten der EU ist die Europäische Kommission. Das TTIP setzt auf die im Rahmen des GATS-Abkommens eingegangenen Liberalisierungsverpflichtungen auf. Ziel ist es, beidseits des Atlantiks weiter die Zölle zu senken, vor allem den Handel mit Dienstleistungen zu verstärken und den Zugang zu den jeweiligen Märkten zu erleichtern. Dabei soll unter anderem ein Investor-Staat-Schlichtungsverfahren eingeführt werden, um Investoren vor politischen Entscheidungen zu schützen.

Topografie des Terrors

Die Topografie des Terrors ist ein Erinnerungsort in der Mitte Berlins. Hier befand sich zwischen 1933 und 1945 das Geheime Staatspolizeiamt mit einem eigenen Hausgefängnis, die Reichsführung SS sowie während des 2. Weltkriegs das Reichssicherheitshauptamt. Das Gelände wurde 1987 nach vorheriger gewerblicher Nutzung der Öffentlichkeit zugänglich gemacht. Nach zunächst einer provisorischen Sicherung und Zugänglichmachung des

Ortes wurde 2010 das Dokumentationszentrum eröffnet. Vorausgegangen waren dem Bau zwei Wettbewerbe. Die Topografie des Terrors zeigt am authentischen Ort die Schrecken der NS-Herrschaft.
www.topographie.de

U

Übergangsfinanzierung nach der deutschen Vereinigung
In Art. 35 Abs. 2 des Einigungsvertrags ist festgelegt, dass die kulturelle Substanz im Beitrittsgebiet, also den fünf neuen Ländern, keinen Schaden nehmen darf. Diese Festlegung bildete die Grundlage für die sogenannte Übergangsfinanzierung zu Beginn der 1990er-Jahre. Die Übergangsfinanzierung des Bundes sollte angesichts der Finanzschwäche der neuen Länder dazu dienen, eine Neuausrichtung der Kultureinrichtungen vorzunehmen und bauliche Maßnahmen zu ergreifen. Zur Übergangsfinanzierung zählte das Leuchtturmprogramm, das sich vor allem an Kultureinrichtungen mit einer größeren Ausstrahlung richtete, das Substanzerhaltungsprogramm mit den kulturelle Infrastruktur in der Fläche unterstützt werden konnte, das Denkmalschutzprogramm zum Erhalt von Denkmälern. Die Übergangsfinanzierung endete 1994.

Übereinkommen über handelsbezogene Aspekte der Rechte am geistigen Eigentum
Das Übereinkommen über handelsbezogene Aspekte der Rechte des geistigen Eigentums, abgekürzt TRIPS (Agreement on Trade-Related Aspects of Intelletual Property Rights), wurde im Jahr 1994 im Rahmen der Urugay-Runde des GATT geschlossen. Neben Mitgliedstaaten der EU hat auch die EU selbst das Abkommen unterzeichnet. Das TRIPS enthält Vorschriften über Urheberrechte und verwandte Schutzrechte, über Marken und geografische Angaben, über gewerbliche Muster und Modelle, über Patente, über Topografien von integrierten Schaltkreisen, über den Schutz des Know-how und zur Kontrolle wettbewerbswidriger Praktiken in Lizenzverträgen. Durch TRIPS wird kein einheitliches internationales materielles Recht geschaffen, vielmehr werden bestehende internationale Abkommen wie auch im Rahmen der WIPO (World Intellectual Property Organization, Weltorganisation für geistiges Eigentum) geschlossene Abkommen vom TRIPS nicht berührt.

Unabhängige Föderalismuskommission
Die Unabhängige Föderalismuskommission (1991–1992) bestand aus Vertretern des Deutschen Bundestags und des Bundesrates. Sie legte z. B. fest, welche Bundesbehörden ihren Sitz in die neuen Länder verlegen sollten. Der Vorschlag wurde vom Deutschen Bundestag angenommen. Im Zuge dieser Föderalismusreform wurde im Übrigen über die Aufnahme eines Staatsziels Kultur in das Grundgesetz debattiert.

Unterausschuss Kultur des Innenausschusses des Deutschen Bundestages
Bis 1969 gab es im Deutschen Bundestag einen eigenständigen Kulturausschuss. Der wurde im Jahr 1969 abgeschafft. Von 1969 bis 1976 wurden kulturpolitische Fragen im Ausschuss für Bildung und Wissenschaft des Deutschen Bundestags debattiert. Ab 1976 wurde bis 1982 eine Arbeitsgruppe Kunst und Kultur im Innenausschuss des Deutschen Bundestag eingerichtet. Von 1991 bis 1994 arbeitete ein Unterausschuss Kultur des Innenausschusses des Deutschen Bundestags. Erst im Jahr 1998 wurde wieder ein Ausschuss für Kultur und Medien des Deutschen Bundestags etabliert.

Unterhaltungssoftware Selbstkontrolle
Die Unterhaltungssoftware Selbstkontrolle (USK) ist die freiwillige Selbstkontrolle der Computerspielewirtschaft. Organisiert ist die USK als gemeinnützige GmbH. Gesellschafter sind die Industrieverbände, die in Deutschland Computerspiele entwickeln bzw. vertreiben, der Bundesverband Interaktive Unterhaltungssoftware (BIU) und der Bundesverband der Entwickler von Computerspielen (G.A.M.E.). Die USK ist die verantwortliche Stelle für die Prüfung und Alterskennzeichnung von Computerspielen in Deutschland. Die USK wurde im Jahr 1994 gegründet. Grundlage der Prüfung sind die Grundsätze der USK sowie die Leitkriterien für die Prüfung von Computer- und Videospielen. Beide wurden vom Beirat der USK formuliert. Gesetzliche Grundlagen sind das Jugendschutzgesetz und der Jugendmedienschutz-Staatsver-

trag. Prüfung durch die USK bedeutet, dass ein Spiel von den Prüfern gespielt wird und zusätzliche von den Unternehmen bereitgestellte Materialien genutzt werden. Jedes Spiel darf nur gemäß der Altersfreigabe im Handel angeboten werden.
www.usk.de

Urheberrecht
Das Urheberrecht ist das unveräußerliche Recht der Schöpfer eines Werkes. Das Urheberrecht umfasst das Urheberpersönlichkeitsrecht (droit morale) und das Recht auf eine wirtschaftliche Verwertung künstlerischer Werke. Maßgeblich wird das Urheberrecht im Urheberrechtsgesetz geregelt. Zu geschützten Werken der Literatur, Wissenschaft und Kunst gehören: Sprachwerke (Schriftwerke, Reden und Computerprogramme), Werke der Musik, pantomimische Werke einschließlich Werke der Tanzkunst, Werke der bildenden Künste einschließlich der Werke der Baukunst und der angewandten Kunst und Entwürfe solcher Werke, Lichtbildwerke einschließlich der Werke, die ähnlich wie Lichtbildwerke geschaffen werden, Filmwerke einschließlich der Werke, die ähnlich wie Filmwerke geschaffen werden, Darstellungen wissenschaftlicher oder technischer Art wie Zeichnungen, Pläne, Karten, Skizzen, Tabellen und plastische Darstellungen. Das Urheberrechtsgesetz erfasst als Werke nur persönliche geistige Schöpfungen.

Urheberrechtsgesetz
Das Urheberrechtsgesetz regelt die Rechte der Urheber, hinsichtlich ihrer Persönlichkeitsrechte und der Verwertungsrechte. Weiter finden sich im Urheberrecht Bestimmungen zur Einschränkung der Rechte der Urheber zugunsten von Bildung und Wissenschaft, Behinderter und anderem mehr. Das Urheberrecht enthält Bestimmungen zu den Nutzungsrechten, zum Schutz ausübender Künstler, zum Schutz von Tonträgerherstellern. Das Urhebervertragsrecht ist ein Bestandteil des Urheberrechts.

Urhebervertragsrecht
Das Urhebervertragsrecht war ein Desiderat der Neufassung des Urheberrechts in den 1960er-Jahren. Die rotgrüne Bundesregierung (14. Wahlperiode des Deutschen Bundestags 1998–2002) hatte sich als wichtiges kulturpolitisches Vorhaben vorgenommen, die Stellung von Urhebern und ausübenden Künstlern gegenüber den Verwertern künstlerischer Leistungen durch eine gesetzliche Änderung im Urheberrecht zu stärken. Das federführende Bundesministerium der Justiz beauftragte daraufhin ein Team an Professoren, die einen ersten Vorschlag, den sogenannten Professorenvorschlag, machten. Dieser erste Vorschlag stieß bei den Unternehmen der Kulturwirtschaft auf harsche Ablehnung. Nach intensiven kulturpolitischen Diskussionen wurde im März 2002 das »Gesetz zur Stärkung der vertraglichen Stellung von Urhebern und ausübenden Künstlern« verabschiedet und trat im Juli 2002 in Kraft. Kernbestandteile sind die Verankerung des Anspruchs auf angemessene Vergütung der Urheber in § 32 Urheberrechtsgesetz, die Überarbeitung des sogenannten Bestsellerparagraphen zu einem Fairnessausgleich in § 32 a Urheberrechtsgesetz, die Einfügung von Vorschriften zur Aufstellung gemeinsamer Vergütungsregeln in den §§ 36 und 36 a des Urheberrechtsgesetzes.

V

Verfassungspatriotismus
Im Rahmen der Diskussion um Leitkultur wurde insbesondere von Jürgen Habermas das Konzept des Verfassungspatriotismus in die Debatte eingebracht. Kern des Verfassungspatriotismus ist die Identifikation der Bürger mit den Grundwerten, Institutionen, der politischen Grundordnung und der Verfassung, dem Grundgesetz.

Videospiele
→ Computerspiele

W

Wagner-Festspiele in Bayreuth
→ Bayreuther Festspiele

Wahlprüfsteine des Deutschen Kulturrates
Seit 1994 befragt der Deutsche Kulturrat zu jeder Bundestagswahl Parteien zu ihren kulturpolitischen Zielen für die nächste Wahlperiode. Die Antworten der Partei-

en werden ausgewertet und veröffentlicht. Sie sollen den Wähler Aufschluss über kulturpolitische Vorhaben der Parteien geben. Seit 1999 befragt der Deutsche Kulturrat auch zu den Wahlen des Europäischen Parlaments Parteien zu ihren kulturpolitischen Zielen und Vorhaben.

Weltcafé

Weltcafé ist eine Moderationsmethode. An Tischen sollen Teilnehmer einer Veranstaltung in das Gespräch untereinander gebracht werden. Ein Moderator (Gastgeber) bleibt die gesamte Zeit am Tisch, die weiteren Teilnehmer wechseln nach ca. 15 bis 30 Minuten. Alle Gesprächsteilnehmer tauschen sich an den jeweiligen Tischen zur gleichen Fragestellung aus. Das Weltcafé schließt mit einer Reflexionsphase.

Welthandelsorganisation

Die Welthandelsorganisation (World Trade Organisation, WTO) wurde im April 1994 im Marrakesch gegründet. Ziel der Welthandelsorganisation ist der Abbau von Handelshemmnissen zwischen den Staaten und damit die weitere Liberalisierung des Welthandels. Derzeit gehören 160 Staaten der Welthandelsorganisation an. Grundlage der Welthandelsorganisation sind die internationalen Abkommen GATT (General Agreement on Tariffs and Trade), GATS (General Agreement on Trade in Services, zu deutsch: Allgemeines Abkommen über den Handel mit Dienstleistungen) und TRIPS (Agreement on Trade Related Aspects of Intellectual Property Rights, zu deutsch: Übereinkommen über handelsbezogene Aspekte der Rechte am geistigen Eigentum). Kernaufgaben der Welthandelsorganisation sind die Streitschlichtungsfunktion zwischen Mitgliedstaaten der Welthandelsorganisation und die Vorbereitung und Verabschiedung weiterer multilateraler Abkommen zur Handelsliberalisierung.
www.wto.org

Z

Zentralstelle für das Auslandsschulwesen

Die Zentralstelle für das Auslandsschulwesen ist beim Bundesverwaltungsamt angesiedelt. Sie ist im Bereich der Auswärtigen Kultur- und Bildungspolitik tätig und Ansprechpartner für ca. 1.200 Schulen weltweit. Die 140 deutschen Auslandsschulen, die sich mehrheitlich in privater Trägerschaft befinden, zählen zu den Schulen, die finanziell und personell gefördert werden. Zu den Aufgaben der Zentralstelle für das Auslandsschulwesen zählen: pädagogische und administrative Beratung deutscher Schulen und Bildungseinrichtungen im Ausland, Gewinnung, Auswahl und Vermittlung von Fachkräften für deutsche Schulen im Ausland, Vorbereitung, Fort- und Weiterbildung von Lehrkräften für den Auslandseinsatz, finanzielle Betreuung von Fachkräften im Ausland, Zuwendungen im Rahmen der Auswärtigen Kultur- und Bildungspolitik.
www.auslandsschulwesen.de

Zentrum für Kulturforschung

Das Zentrum für Kulturforschung ist ein privates Kulturforschungsinstitut. Es ging aus dem Spiegel-Institut für Projektstudien hervor. In den 1970er-Jahren führte das Zentrum für Kulturforschung die maßgeblichen Untersuchungen zur wirtschaftlichen und sozialen Lage von Künstlern (siehe auch: Künstler-Enquete) durch. Weiter wurden berufssoziologische Untersuchungen zu Künstlern durchgeführt. Die Arbeiten des Zentrums für Kulturforschung waren maßgeblich für die Diskussion und Etablierung des Künstlersozialversicherungsgesetzes. Seit den 2000er-Jahren legte das Zentrum für Kulturforschung weitere Arbeiten zur Besucherforschung vor. In den 2010er-Jahren lag ein Schwerpunkt in der Forschung zur kulturellen Bildung.

Zivilgesellschaft

Zivilgesellschaft ist ein soziologischer und politologischer Begriff. Mit Zivilgesellschaft ist jener Bereich gemeint, der zwischen Staat und Markt ist. Die Verfasstheit zivilgesellschaftlicher Organisationen ist unterschiedlich. Zu zivilgesellschaftlichen Organisationen zählen: Initiativen, Vereine, Verbände, soziale Bewegungen, Nichtregierungsorganisationen (NGOs) und Non-Profit-Organisationen (NPO).

Begriffsregister

Namensregister